Die Natur des Pferdes

KLAUS ZEEB

Die Natur des Pferdes

Beobachtungen eines Verhaltensforschers

Fotos von Dieter Schinner

KOSMOS

Die 160 Farbfotos aus der Dülmener Wildbahn wurden aufgenommen von Dieter Schinner, Duisburg.

Umschlaggestaltung von Atelier Jürgen Reichert, Stuttgart, unter Verwendung von Farbaufnahmen von Dieter Schinner

Die Deutsche Bibliothek –
CIP-Einheitsaufnahme

Die **Natur des Pferdes** : Beobachtungen eines Verhaltensforschers /
Klaus Zeeb. Fotos von Dieter Schinner. –
Stuttgart : Kosmos, 1998
ISBN 3-440-07238-X

ISBN 3-440-07238-X
Lektorat: Sigrid Eicher
Herstellung: Lilo Pabel
Printed in Germany/Imprimé en Allemagne
Satz: Typomedia Satztechnik GmbH, Ostfildern
Druck und Binden: Westermann Druck Zwickau GmbH, Zwickau

Die Natur des Pferdes

Grußwort

Seit der Mitte des neunzehnten Jahrhunderts ist die Bewahrung der Pferdeherde im Merfelder Bruch eine besondere Tradition meiner Familie. Stand ursprünglich vielleicht einmal die Wahrung des Besitzes an den Pferden hierbei im Vordergrund, so gewann im Laufe der Zeit zunehmend der Gedanke an Raum, daß es sich bei den Dülmener Pferden um mehr handelt als um Familienbesitz. Es geht um die Erhaltung eines einmaligen Naturdokumentes und – eine Erkenntnis der neueren Zeit – um die Erhaltung uralten Erbgutes, das für die Zukunft der Pferdezucht einmal von großer Bedeutung sein kann.
Was allerdings noch nicht einmal mein Vater sich vorstellen konnte, ist die Tatsache, daß aufgrund der jahrzehntelangen Beobachtungen und Untersuchungen eines Verhaltensforschers Einsichten an unserer Herde gewonnen werden konnten, die inzwischen unerwartete Auswirkungen auf die Pferdehaltung und auf den Umgang mit Pferden haben. Mein Vater hat den jungen Studenten Klaus Zeeb gerne unterstützt bei seinen Bemühungen, unsere Pferde in ihrem Wesen zu begreifen. Das begann im Jahre 1956. Auch heute noch ist dieser Forscher bei uns ein gern gesehener Gast, und das nicht nur, weil er meiner Familie im Laufe der Jahre in Sachen Haltung der Dülmener Pferde manchen wertvollen Hinweis geben konnte.
Ich freue mich, daß mit diesem Bildband ein gelungenes Werk entstanden ist, das hervorragend geeignet ist, dem geneigten Betrachter und Leser das Wesen und die Bedeutung unserer Ponys im Merfelder Bruch nahe zu bringen. Und dies vor allem auch durch die qualitativ hervorragenden Bilder von Dieter Schinner. Möge diesem Werk eine große Verbreitung beschieden sein.

Carl, Herzog von Croÿ

Dülmen im Februar 1998

Prolog

Es war im Sommer 1956, als ich mich mit den Dülmener Ponys in der Wildbahn des Merfelder Bruchs zu beschäftigen begann. Die Tiere sollten mir dazu verhelfen, Fragen bei meiner Dissertation „Das Verhalten des Pferdes bei der Auseinandersetzung mit dem Menschen" zu klären. Kein Mensch, ich selber am allerwenigsten, hätte damals gedacht, daß die dort von mir gewonnenen Erkenntnisse runde 40 Jahre später Grundlagen zu den vom Deutschen Bundesminister für Ernährung, Landwirtschaft und Forsten angeforderten Leitlinien zum „Tierschutz im Pferdesport und bei der Pferdehaltung" bilden würden. Es war auch nicht vorauszusehen, daß sich infolge meiner häufigen Aufenthalte in der Wildbahn eine wunderbare Freundschaft zur Familie der Herzöge von Croy entwickeln würde, die heute noch guten Bestand hat. Es ist mir ein Anliegen, dies hier so deutlich zum Ausdruck zu bringen, weil es einfach nicht selbstverständlich ist, daß man über Generationen hinweg gleichbleibend gut Freund bleiben kann. Die Freundschaft begann mit dem Großvater, S. D. Carl Herzog von Croy, wurde weitergeführt durch seinen gleichnamigen Sohn und besteht nun mit dem Enkel, dem Erbprinzen Rudolf von Croy. Der ganzen Familie sei an dieser Stelle herzlicher Dank gesagt!

Und eines Menschen, der leider vor einigen Jahren verstorben ist, möchte ich an dieser Stelle gedenken und ihm danken für die über Jahrzehnte dauernde Kameradschaft: Dem Oberförster Karl-Heinz Düssel, diesem eher mürrisch und skurril erscheinenden Menschen, dessen großes Herz nur für seine Pferde schlug.

Dank auch sei der Herzog von Croy'schen Verwaltung gesagt, insbesondere dem Betreuer der Pferde, Herrn Hubert Paschert, für immer geduldige Hilfeleistung.

Und warum dieser Bildband? Weil es schade wäre, die Erfahrungen mit dieser einmaligen Pferdeherde nach so vielen Jahren des „Zusammenseins" nicht darzustellen. Aber auch, weil es Dieter Schinner in ganz besonders glücklicher Weise gelungen ist, mit seiner Kamera das Wesen dieser Ponys im Bild einzufangen. Auch ihm sei gedankt, vor allem für seine Geduld – nicht die mit den Ponys, sondern mit mir, der ihn immer wieder anstachelte, das Besondere zu erfassen.

Zu guter Letzt: Dieses Buch soll all denen helfen, die Pferde mögen, diese hochspezialisierten herdenlebenden Fluchttiere in ihrem Wesen zu begreifen. Vieles, was uns an unserem Partner in Sport oder Freizeit zunächst unverständlich erscheinen mag, findet seine Erklärung, wenn man sich vor Augen führt, wie Pferde leben, wenn der Mensch nicht eingreift. Denn ein Pferd bleibt immer ein Pferd, auch nach Jahrtausenden der Domestizierung, der Spezialisierung und der selektiven Zucht. Sind auf diese Weise manche – zum Teil sogar gefährliche – Mißverständnisse ausgeräumt, kann der Mensch das Pferd als das begreifen, was es ist: ein äußerst liebenswertes Mitgeschöpf auf dieser unserer Erde.

Wildpferd oder Hauspferd?

Die recht unterschiedlichen Erscheinungsbilder der heutigen Pferderassen vom Shetlandpony bis zum Shire erwecken den Anschein, sie stammten von verschiedenen Ahnen ab. Heutzutage geht man überwiegend davon aus, daß alle Pferderassen dieser Welt auf eine einzige Wildpferdeform zurückgehen, nämlich *Equus ferus*. Man nimmt an, daß es zwei verschiedene Gebiete gab, auf denen Wildpferde domestiziert – zum Haustier gemacht – wurden. Das westliche Zentrum liegt im europäischen, das östliche im asiatischen Teil der ehemaligen UdSSR. Vereinfacht ausgedrückt: Es waren die Wildpferde aus den Steppen der Ukraine und Kasachstans. Die innerartliche Variabilität zeigte ein von Ost nach West gerichtetes Gefälle in Größe und Wuchsform. Richtung Westen nahm die Größe ab und die Schlankwüchsigkeit zu. Die Wildpferde Osteuropas waren im Mittel 136 cm, die im Südwesten nur 127 cm groß.

Es gilt als gesichert, daß die Domestikation im 4. Jahrtausend vor Christus erfolgte. Wildpferde dienten den Menschen vor dieser Zeit als Jagdbeute für die Ernährung sowie zur Herstellung von Kleidung und Waffen. Zu Beginn der mehr oder weniger systematischen Zucht von Hauspferden waren die Wildpferde dann nur noch lästige Weidekonkurrenten und wurden deshalb beinahe vollständig ausgerottet. So auch der Tarpan in den Steppengebieten der Ukraine gegen Ende des 19. Jahrhunderts. Allein übriggeblieben ist das Przewalski-Wildpferd, das sich in schwer zugängliche Gegenden der Mongolei zurückgezogen hatte, wo es 1878 von dem russischen Asienforscher Przewalski „wiederentdeckt" wurde. Wildfänge aus diesem Verbreitungsgebiet wurden in Zoos verbracht, wo man begann, mit ihnen eine Zucht aufzubauen. Nach dem derzeitigen Kenntnisstand besteht die Gefahr des

Schütterer Baumbestand und weite Grasflächen, das ist der ursprüngliche Lebensraum der Pferde – so auch im Merfelder Bruch.

Aussterbens für diese Tiere. Deshalb ist man bemüht, Erhaltungszuchtprogramme zu entwickeln, um die Przewalskis mit Hilfe der Auswilderung in ihrem Ursprungsgebiet zu erhalten.
Alle anderen heute lebenden Pferderassen sind im zoologischen Sinn keine Wildpferde, ob sie nun im Stall oder in schier endlos großen Steppen oder Halbwüsten leben. So gehen beispielsweise die Mustangs Nordamerikas auf Hauspferde zurück, welche die iberischen Eroberer nach Amerika brachten. Die australischen „Wildpferde" gehen zurück auf Importe durch Siedler.
Pferde sind, sich selbst überlassen, trotz Domestikation ohne weiteres imstande, selbst bei widrigen Bedingungen zu überleben, solange es weite Flächen als Futtergrundlage gibt und das Trinkwasser nicht ausgeht. Allerdings vermehren sich verwilderte Pferde unter günstigen Bedingungen dann gleich so stark, daß man ihre Bestände wegen der Konkurrenz zu anderem Weidevieh regulieren muß. Dies lehren die amerikanischen und australischen Beispiele.
Wie ist nun die große Rassenvielfalt des Hauspferdes zu erklären, wenn es nur von einer einzigen Wildart abstammt?
Man weiß, daß sich Gruppen ein und derselben Tierart, die sich über lange Zeiträume in unterschiedlichen Lebensräumen aufhalten, mit der Zeit genetisch und im Erscheinungsbild unterscheiden. Und zwar um so deutlicher, je verschiedener die Lebensräume sind, wie etwa Wald/Steppe, Gebirge/Ebene oder Sumpf/Wüste. Dasselbe gilt auch für die Pferde. Es ist davon auszugehen, daß unterschiedliche Lokalformen der Wildpferde vom Menschen gezähmt und über viele Generationen domestiziert wurden.
Somit bleibt also für die „Wildpferdromantik" wenig übrig. Hingegen aber muß man deutlich unterscheiden zwischen „Primitvpferden" und den hochgezüchteten

Bruchlandschaft bedeutet viel Wasser und Sumpf.

Etwa die Hälfte der Wildbahn besteht aus forstlich genutztem Wald.

Es gibt auch undurchforsteten Laubwald.

Hauspferden. Bei Primitvpferden übernimmt die Natur noch einen wesentlichen Teil der züchterischen Auslese, weil sie meist unter „naturnahen" Bedingungen, das heißt, ohne Stall, gehalten werden, wie das im Merfelder Bruch der Fall ist. Solche Rassen sind, wie man inzwischen erkannt hat, als genetische Ressourcen sehr wertvoll und deshalb besonders erhaltenswert.

Einige der bekanntesten seien hier aufgeführt: Isländer, das englische Exmoor-Pony, der polnische Konik, die Sorraias aus Portugal, das Camargue-Pferd aus Südfrankreich und schließlich der Dülmener. Ihr Ursprung ist in einer Vermischung echter Wildpferde mit entlaufenen Hauspferden zu sehen. Die rassischen Besonderheiten sind in erster Linie auf die Anpassung an ihre jeweiligen Lebensräume zurückzuführen. Hinzu kam später züchterische Selektion auf Urtümlichkeit, wobei Fossilien und Höhlenmalereien aus der Steinzeit als „Vorlage" dienten. Der Konik, dem Dülmener genetisch wie auch im Aussehen sehr ähnlich, stammt direkt vom Tarpan ab, wobei unklar ist, ob die Ureltern die Steppen- oder die Waldtarpane waren.

Die freiliegenden, von den Pferden benagten Wurzeln zeugen davon, daß Bachbegradigungen den Grundwasserspiegel um fast einen Meter absenkten.

Sandige Flächen dienen an heißen Tagen als Ruheplatz, weil dort die Insektenplage geringer ist.

Links oben: Unter den verschiedenen Farbschlägen der Herde sind die Grauen, die auf den Tarpan, das südrussische Wildpferd, zurückgehen, besonders häufig vertreten.

Links Mitte: Einen weiteren wesentlichen Anteil bilden die Falben, die vom Przewalski-Wildpferd der Mongolei abstammen. Die Zebrastreifen an den Beinen sind ein uraltes Erbe.

Links: Ebenso typisch sind die schwarzen Ohrenränder, die das Ohrenspiel bei der Kommunikation optisch verstärken.

Links unten: Graue und Falben sind außerdem gekennzeichnet durch den Aalstrich auf dem Rücken, der ebenfalls Wildahnenblut anzeigt.

Links: Außerdem gibt es noch Tiere, die ein Hauspferdkleid tragen und auch Blessen an Kopf und Hufen zeigen.

Vom Leben in der Herde

Die Familien sind gut zu erkennen, wenn sie sich in der Morgensonne aufwärmen, ...

Familienverbände

Zwar ist es nicht jedermanns Sache, vor Tau und Tag aufzustehen. Doch wird der besonders belohnt, der diese Strapaze auf sich nimmt und von der westfälischen Stadt Dülmen 12 Kilometer nach Westen fährt, immer entlang der Beschilderung „Zur Wildbahn". So geleitet landet er schließlich vor einem Schlagbaum am Rande eines Kiefernwaldes im Merfelder Bruch. Falls er einen Schlüssel hat, der Frühaufsteher, folgt er einem einsamen Waldweg nach Süden, bis er auf eine freie, riesengroße Weidefläche stößt. Und da stehen sie nun, die vielen, vielen Pferde, im Morgennebel, den soeben die Sonne durchdringt.

Das meinte ich, wenn ich von der Belohnung des Frühaufstehers sprach: eine in unseren Breiten ungewohnte, riesengroße Anzahl von Pferden, noch etwas bläßlich von der Sonne beschienen und geheimnisvoll umwoben vom Nebel. Nun ist es aber nicht nur ein überwältigender Anblick. Aus diesem Bild wird das Besondere einer Pferdeherde ersichtlich: die soziale Struktur. Denn die Tiere stehen nicht nur irgendwie herum, um mit den ersten Strahlen der Sonne etwas Wärme in das von der vergangenen Nacht naßkalte Fell zu bekommen. Deutlich ist eine Gruppierung zu erkennen. Da stehen einmal 17 Tiere in langer Reihe, dort 23 , daneben nur 9 und weiter draußen sind 27 Dülmener deutlich als Einheit wahrzunehmen. Der Rest verliert sich im Nebel.

Diese Gruppierung ist kein Zufall. Wer länger bleibt und beobachtet, stellt fest, daß immer die gleichen Individuen beisammen sind, sei es zum Ruhen, zum Weiden oder beim Ziehen zur Tränke. Die Verhaltensforscher nennen solche Gruppen in Dülmen „Familienverbände", weil sie tatsächlich aus dem Familiengeschehen heraus entstehen. Eine Altstute hat ein diesjähriges Fohlen bei Fuß, ihre älteste Tochter ebenfalls und so weiter. Über viele Jahre kann die Familiengründerin die Ranghöchste des Verbandes bleiben. Wird die Familie sehr groß – mehr als etwa 30 Tiere –, dann kommt es zu Abspaltungen, und eine neue Familie entsteht, wieder mit einer Altstute an der Spitze. An der Spitze in des Wortes ureigentlichstem Sinn, denn bei Wanderungen übernimmt sie in der Regel die Führung und zeigt damit, wo es lang geht.

Manchmal entsteht aber ein solcher Familienverband auch auf andere Weise. Da kommen Stuten im Alter von drei oder vier Jahren mit der Leitstute nicht mehr zurecht. Oder die Leitstute stirbt, und der Verband zerfällt in kleinere Teile, die sich anderweitig anschließen. Dann spricht man von sogenannten Schicksalsgemeinschaften, deren Führung dann auch wieder eine der älteren, erfahrenen Stuten einnimmt. Denn es ist genau so, wie man das bei Elefantenherden untersucht hat: Die Leitung übernehmen ältere Tiere nicht deswegen, weil sie aufgrund ihrer körperlichen Entwicklung die kräftigsten sind, sondern weil sie aufgrund ihres Alters mehr Erfahrung haben als die Jüngeren. Sei das nun im Hinblick auf die besten Futterplätze, auf das beste Trinkwasser oder den besten Witterungsschutz gegen die Unbilden des Wetters. Und – das nicht zuletzt – sie sind auch reichlich erfahren darin, wie man echte von vermeintlichen Gefahren unterscheidet und wann es geraten ist zu fliehen.

Somit wäre das Grundsätzliche eines Familienverbandes geklärt. Es ist Pferden angeboren, in einem Sozialverband zu leben. Das nennt man arttypisch. Es ist Pferden angeboren, im Gefahrenfall vorsichtig zu erkunden und gegebenenfalls zu fliehen, also Meideverhalten zu zeigen. Allerdings ist dieses Meideverhalten bei den Dülmener Familienverbänden sehr unterschiedlich ausgeprägt. Die einen fliehen schon, wenn der Besucher ganz vorsichtig und langsam einen Regenschirm öffnet. Der andere Verband ergreift die Flucht erst dann, wenn der automatische Schirm mit einem Knall aufspringt. Beim genaueren Hinschauen sieht man, daß unterschiedlich reagierende Verbände sich auch durch verschiedene Fellfarben unterscheiden. Sie unterscheiden sich also durch ihr Erbgut, was sowohl durch ihr Aussehen wie auch durch ihr Verhalten zum Ausdruck kommt.

Somit wird deutlich, daß es ein angeborenes Grundverhalten der Spezies Pferd, der Pferdeartigen, gibt, daß darüber hinaus aber noch erbliche Besonderheiten des Reagierens auf Situationen und Ereignisse der Umgebung existieren, die bei Angehörigen eines Familienverbandes in ähnlicher Ausprägung angeboren sind. Der Laie benützt hierfür gern den plakativen Begriff „unterschiedliches Temperament". Ethologen, so werden die Verhaltensforscher wissenschaftlicherseits bezeichnet, drücken

... bei der Futteraufnahme (unten) ...

... oder beim Ziehen durch den Wald (darunter).

Die Herde ist sozial strukturiert: Die Familienverbände – jeweils eine Altstute mit ihrem Nachwuchs – halten beim Ziehen eng zusammen, ...

... auch wenn sie es eilig haben.

Eine Familie zieht im Winter zum Futterplatz.

Auch bei der Flucht aus dem Wald halten die Familien eng zusammen.

sich vorsichtiger aus. Sie sprechen von der „Reaktionsnorm" der Art und vom unterschiedlichen Ausprägungsgrad dieser Reaktionsnorm beim Individuum, der sowohl erblich als auch lern- oder erfahrungsbedingt ist.

Das, was eben geschildert wurde, wird mit dem Begriff „Sozialverhalten" zusammengefaßt. Die Ethologen gehen bei ihren Untersuchungen nach einer bestimmten Systematik vor. Um das Verhalten einer Tierart zu begreifen, wird ein Ethogramm, ein Verhaltensinventar, aufgestellt: Es werden immer bestimmte Verhaltensweisen oder Verhaltensmerkmale bestimmten Merkmalen oder Ereignissen der Umwelt zugeordnet. Und dann wird versucht festzustellen, welchen Sinn ein bestimmtes Verhalten für das Tier hat. Anders ausgedrückt, man versucht die Funktion eines bestimmten Verhaltens zu begreifen. Das Ganze wird dann als „Funktionskreis" bezeichnet. So gibt es eine ganze Reihe von Funktionskreisen, wie den des Ernährungs-, des Ausruh-, des Komfortverhaltens usw. Mit dem Funktionskreis Sozialverhalten aber hat es eine ganz besondere Bewandtnis: Weil natürlicherweise Pferde in Gruppen auftreten, gibt es kaum eine Tätigkeit, bei der nicht auch soziale Elemente erkennbar werden. Das Sozialverhalten ist also gewissermaßen übergeordnet. Seine Funktion ist es, das Zusammenleben einer Gruppe von Indiviuen so zu regeln, daß das Individuum möglichst wenig beeinträchtigt wird. Wie das abläuft, wird in den nachstehenden Kapiteln ausgeführt. Sie folgen einander nach dem System der Funktionskreise, wobei auf das Soziale immer wieder Bezug genommen wird.

Familienverbände Pferde sind soziallebende Tiere, was insbesondere anhand der Dülmener Familienverbände erkennbar wird. Sozialverhalten ermöglicht den Individuen der Gruppe so wenig wie möglich Beeinträchtigung durch andere Gruppenangehörige.

Erkunden und Meiden

Es ist eine wunderbare Einrichtung der Natur, daß jedes Geschöpf mit den Gaben ausgestattet ist, die ihm sein besonderes Leben ermöglichen. Im Laufe der Entwicklungsgeschichte haben Pflanzen und Tiere alle Fähigkeiten entwickelt, die notwendig sind, um in einem bestimmten Lebensraum auszuhalten. So sind jedem Lebewesen all die Verhaltensweisen angeboren, die es zur täglichen Auseinandersetzung mit seiner natürlichen Umwelt braucht.

Beim Pferd begann diese Entwicklung, wie man weiß, vor 70 Millionen Jahren. Der Urahn des Pferdes, das Hyracotherium, dürfte fuchsgroß gewesen sein und hatte an den Vorderbeinen vier, an den Hinterbeinen fünf Zehen, wobei jeweils die dritte Zehe am stärksten entwickelt war. Das Hipparion vor ca. 11 Millionen Jahren war immerhin schon ponygroß und berührte den Boden nur mehr mit je drei Zehen. Das Mosbachpferd vor 1–2 Millionen Jahren maß am Widerrist schon ca. 1,60 m und berührte den Boden nur noch mit jeweils einer Zehe. Je weniger Fläche des Fußes den Boden berührte, desto schneller konnte das Tier laufen. Und damit war die anatomische Entwicklung zum hochspezialisierten, auf der Steppe lebenden, grasfressenden Fluchttier vollzogen, das seine Sicherheit in der Herde fand und heute noch findet. Vor ca. 5.000 Jahren nahm es der Mensch in seine Dienste, hat aber seitdem trotz Domestikation und Zuchtauswahl an der ständigen hohen Fluchtbereitschaft dieses Tieres nicht viel zu ändern vermocht, wie jeder Reiter und Pferdehalter aus eigener, teils leidvoller Erfahrung bestätigen kann.

Um aber fliehen zu können, muß man Gefahren rechtzeitig erkennen. So ist es eine logische Folge, daß Pferde besonders neugierig sind. Der Ethologe spricht vom ausgeprägten Erkundungs- und Meideverhalten der Pferde. Erkundet wird mit Augen, Ohren und Nase, wobei die Nase zwei Aufgaben hat: einmal das Riechen und zum andern das Tasten mit den langen Sinushaaren um Nase und Maul.

Seit dem frühen Morgen sind ein paar Stunden vergangen, die Ponys haben sich die Bäuche mit Futter vollgeschlagen. Einige, vor allem Fohlen, ruhen am Boden, andere stehen dösend herum. Bis auf die eine oder andere Stute, welche alles ringsum hört, sieht und riecht. Solche „Wachtposten" sind meist Stuten mit jungen Fohlen bei Fuß. Aufmerksam schauen sie in die Runde. Sollte ein pferdeunkundiger Ankömmling nun dreist auf die Gruppe zugehen, wird dieser Wachtposten den Kopf aufwerfen, Augen und Ohren auf den Eindringling richten und warnend schnauben. In einer Zeit häufiger Besuche geschieht dies vielleicht bei einem Erkundungsabstand von 10 bis 20 Metern. Winters, wenn wenig Menschen in die Wildbahn kommen, kann die Reaktion schon bei 80 bis 100 Metern erfolgen. Dann werden mit Kopf und Hals senkrechte Pendelbewegungen ausgeführt, um Augen und Nase noch bessere Erkennungschancen zu geben. Schließlich, wenn der Störenfried noch näher kommt (Meideabstand), wird der Kopf aufgeworfen, auf der Hinterhand kehrtgemacht und im Schritt oder Trab zunächst einmal auf Abstand gegangen. Wobei dann die Zugehörigen des Familienverbandes mitziehen oder -traben. Es kann auch sein, daß der Verband den Störenfried in gebührendem Abstand im Kreisbogen umgeht, um in den Wind zu gelangen, so daß die geruchliche Identifikation der möglichen Gefahr besser gelingt. Zeigt es sich, daß keine Gefahr besteht, wird mit dem weitergemacht, was man bisher tat: dösen oder Futter aufnehmen. In einiger Entfernung von der Herde stehende Einzeltiere reagieren noch weit empfindlicher und schon bei größerem Ab-

Ein Familienverband zieht mit aufmerksam nach vorn gerichteten Ohren.

Jetzt hat die Leitstute etwas gehört oder gesehen (links außen).

Das veranlaßt alle geschlossen zur Flucht (unten).

Beim Ruhen wachen immer die Altstuten.

Die typische Erkundungshaltung wird als „Achtungstellung" bezeichnet.

stand vom Störenfried und suchen sogleich Anschluß an ihre Familie.

Anders aber, wenn das Ergebnis von Sehen, Hören, Riechen unmittelbare Gefahr signalisiert. Dann ertönt stärkeres Warnschnauben. Alle in der näheren Umgebung des Furchtauslösers machen um einhundertachtzig Grad kehrt und galoppieren geradeaus von dannen, und zwar so weit, bis genügend Distanz zum Störenfried erreicht ist. Darum heißt dieser Abstand auch Fluchtdistanz. Dann machen wieder alle kehrt und äugen zurück (Erkundungsdistanz), wobei wiederholtes Warnschnauben ertönt.

Passiert weiter nichts, kann es sein, daß sich die ganze Gruppe erkundend nähert, und dasselbe Spiel beginnt von neuem. Bewegt sich der Störenfried aber, und womöglich in Richtung der Ponys, dann gibt es wieder Flucht. Warnschnauben und das weithin hörbare Getrappel der Hufe können dann dazu führen, daß weitere Familien aufschrecken, ja sogar daß alle Tiere der dreihundertköpfigen Herde sich fliehend eng zusammenschließen und gemeinsam das Weite suchen, um erst

Erkundung aus dem Verband heraus

Unterschiedlich ausgeprägtes Interesse an der Umgebung (links außen)

Die Gefahr wird im Bogen umkreist (unten).

nach vielen hundert Metern zum Halten zu kommen. Nach und nach, im Laufe von drei bis fünf Minuten, lösen sich die Familien aus der Gesamtherde und gehen wieder ihrer soeben unterbrochenen Beschäftigung nach.

Hat ein Fotograf einmal sein Stativ abgestellt und sich entfernt, kommen zuerst ein, zwei Hengstfohlen heran und beschnuppern das ungewohnte Phänomen: Ohren nach vorne gestellt, Augen und Nüstern weit offen. Bla-

sendes Schnaufen ertönt. Dann wird der Gegenstand mit den Tasthaaren und Lippen eingehend untersucht. „Reagiert" das Phänomen nicht, verliert sich das Interesse nach wenigen Minuten. Fällt es aber etwa um, dann kann es die oben beschriebenen lebhaften Meide- oder Fluchtreaktionen auslösen.

All dies ist ein äußerst sinnvolles Verhalten, um das Individuum und die Gemeinschaft vor Schaden zu bewahren. Für Pferde also sehr, sehr nützlich. Ist das Tier aber in menschlicher Obhut, dann ist solch explosives Fluchtverhalten oft äußerst unangenehm. Vor allem „alleinstehende" Pferde zeigen diese Reaktionen besonders häufig, und zwar dann, wenn sich in ihrer Nähe kein Mensch als besondere Person ihres Vertrauens befindet oder wenn sie keine Gelegenheit haben, sich mit Phänomenen ihrer Umgebung erkundend vertraut zu machen.

Übrigens ist das Meideverhalten nicht zu allen Stunden des Tages gleich. Der Ausweichabstand vom Besucher, bei dem die Dülmener meidend reagierten, lag bei meinen Untersuchungen in den fünfziger Jahren – wenn ich mich als Mensch in der Herde „pferdegerecht" benahm – zu Zeiten geringer Besuchsfrequenz am hellen Tag im

Das ist gradlinige Flucht: Nichts wie weg!

Falls die Gefahr besonders groß erscheint, flieht die gesamte Herde.

Erkunden und Meiden

Erkundungs- und Meideverhalten war und ist für in „Freiheit" lebende Pferde von lebenserhaltender Bedeutung. Pferde in der sozialen Gruppe fühlen sich sicherer als Einzeltiere. Hat es der Mensch mit einem „alleinstehenden" Pferd zu tun, muß er dem Pferd für sein Sicherheitsbefinden Vertrauensperson sein. Im übrigen muß man Pferde schon vom Fohlenalter an möglichst vielfältigen Umweltreizen aussetzen, damit sie ihr Erkundungs- und Meideverhalten trainieren können und nicht mit dauerndem Scheuen reagieren.

Ein ungewöhnliches Etwas wird beschnuppert (links).

Links unten: Zum Erkennen tragen die Tasthaare bei.

Unten: Einzeltiere haben es im Gefahrenfall besonders eilig: Starker Trab …
… oder Galopp.

Mittel bei ca. 3 Metern. Eigenartigerweise war er in dunkler Nacht reduziert auf 1–2 Meter. In der Dämmerung aber war er mit 3–6 Meter doppelt so groß. Diese verstärkte Meidereaktion in der Dämmerung mag wohl mit dem Erbgedächtnis der Pferde zusammenhängen, denn in der Dämmerung war zu den Zeiten, als es noch Wildpferde gab, Raubzeug unterwegs und deshalb erhöhte Vorsicht geboten. Der geringere Abstand in der Nacht könnte damit zusammenhängen, daß infolge höherer Luftfeuchte die geruchliche Information verbessert ist und mehr Sicherheit gibt. In heutiger Zeit, da die Dülmener sich in weit stärkerem Ausmaß als damals an Besucher gewöhnt haben, sind diese Reaktionen nicht mehr so deutlich zu erkennen.

Weide, Futter und Wasser

Die Wildbahn im Merfelder Bruch bietet ein reizvolles Bild: Kiefernforst wird abgelöst von Laubwald und Birkengehölz, offenes Grasland geht über in Heide und Buschwerk. Dazwischen liegen Stellen, die nach langen Regenperioden sumpfig sind. In den fünfziger Jahren, als ich meine Untersuchungen dort aufnahm, gab es Sumpfbereiche, die auch im Sommer nicht austrockneten. So ist denn die ganze Wildbahn mit einem Grabensystem durchzogen, das der Entwässerung dient. An den Südwesten der Wildbahn grenzt unmittelbar der Heubach. Er wurde in den 60er Jahren „korrigiert", was zu einer Senkung des Grundwasserspiegels um fast einen Meter führte. Die Folge davon war ein deutlicher Rückgang der Sumpfgebiete. Eine Erinnerung an diese „Pioniertat" ist der „Urwald", ein Laubgehölz mit alten Bäumen, deren Wurzeln zutage treten wie in Mangrovesümpfen südlicher Gefilde.

In trockenen Zahlen ausgedrückt sieht die Wildbahn so aus: 330 Hektar Fläche, davon 45 % Wald und 45 % Weiden. Für ca. 300 Pferde stehen so etwa 150 Hektar reine Weidefläche zur Verfügung. Allerdings wachsen auch viele Gräser und Kräuter im Wald, der deshalb zur Futteraufnahme recht häufig aufgesucht wird. Wege, Gräben und die „Arena" (auf die wir später ausführlich zu sprechen kommen) schlagen mit 10 % zu Buche. An Wege- und Grabenrändern wachsen zahlreiche Kräuterarten, die für die Pferdegesundheit und -fruchtbarkeit von großer Bedeutung sind.

Es herrscht ein mildes ozeanisches Klima mit relativ wenig Temperaturschwankungen. 80 Frosttage gibt's im Merfelder Bruch und übers Jahr 800 mm Niederschlag, wovon die Hauptmenge im Juli und August fällt. Der Wind weht im wesentlichen aus West. Insgesamt gesehen herrscht also ein Klima, bei dem ausreichend Futter wächst, so daß von draußen nichts dazugeholt werden muß, zumal auf manchen Flächen innerhalb des Zaunes Heu geworben wird, das im Winter der Zufütterung dient, weil dann höchstens die Hälfte dessen, was die Pferde brauchen, auf den Weideflächen zur Verfügung steht.

Dieser Lebensraum, auch Biotop genannt, hat eine natürliche Selektion der Dülmener zur Folge, auf Pferde, die

In der warmen Jahreszeit grasen die Familien relativ eng aufgeschlossen, wenn das Futterangebot groß ist.

mit Hilfe von Windrädern oder zu windstillen Zeiten mit Motorenkraft. An Stellen, wo mehrere Koppeln aneinanderschließen, sind solche Tränken installiert. Die Pferde entnehmen das Wasser aus großen, runden Betontrögen.
Warum ist die Wildbahn unterkoppelt? Wenn man viele Tiere auf einer Weidefläche hält, muß diese in gewisser Weise „bewirtschaftet" werden. Man muß für die Erhaltung der Grasnarbe etwas tun, sie pflegen. Und das setzt Umtrieb voraus, mit anderen Worten, die Flächen müssen sich auch einmal ausruhen können.
Dies ist insbesondere auch wegen der Parasitenbekämpfung erforderlich. Die Dülmener Ponys beherbergen wie alle Pferde in ihrem Organismus Magenwürmer, Darmwürmer und dergleichen, die durch den Kot weiter übertragen werden. Wurmkuren macht man, wie ebenfalls oben schon geschildert, bei den Dülmenern aus Gründen

Links: Wasser wird sowohl aus den Entwässerungsgräben aufgenommen …

… als auch aus den durch Windkraft gefüllten Tränkebottichen (darunter).

mit nassem Boden und langen naßkalten Feuchtperioden zurechtkommen. Langandauernde kalte Feuchtperioden sind für die Spezies Pferd, die sich, wie wir oben gelesen haben, im Laufe ihrer Lebensgeschichte auf trockenen Steppen entwickelte, nicht primär geeignet. Es hat hier eine besondere genetische (erbliche) Anpassung stattgefunden.
Das Trinkwasser – es stand ursprünglich nur in den Entwässerungsgräben zur Verfügung – muß nun bei Trockenzeiten wegen der Senkung des Grundwasserspiegels aus der Tiefe hochgepumpt werden. Dies geschieht

Bissen für Bissen werden die Pflanzen abgeschnitten und sorgfältig gekaut.

der natürlichen Selektion grundsätzlich nicht. In der ursprünglichen Heimat der Wildpferde waren die Weideflächen unvergleichlich viel größer und wurden nur in zeitlichen Abständen von Pferden genutzt, was die Parasitengefahr stark verminderte. Auch ein für unsere europäischen Begriffe so weiträumiges Gebiet wie der Merfelder Bruch kann da leider nicht mithalten. Deshalb muß besondere Sorgfalt auf die Weidepflege gerichtet werden.

Unten: Bei großem Angebot wird auch viel selektiert.

Das Menu wird durch Blätter von Bäumen ergänzt (darunter).

Die Futteraufnahme, sei es nun auf den Grasflächen oder im Wald, findet im vertrauten Kreis des Familienverbandes statt. Selbst wenn sich die komplette Herde beispielsweise auf der „großen Wiese“, der Hauptfutterfläche der Wildbahn, befindet, kann man die Struktur der Familienverbände beim Weiden erkennen. Die Individuen weiden je nach ihrer Rangstellung oft Kopf an Kopf, ohne daß es zu Futterneidreaktionen käme. Die Abstände zwischen den Individuen sind in der Regel zu warmen Zeiten geringer als bei kaltem Wetter. Das wird wohl mit der Insektenaktivität zusammenhängen. Denn wenn man dicht bei dicht steht oder weidend schreitet, kann man den Schweif des Nachbarn als Ventilator und Fliegenwedel nutzen.

Mit der Futteraufnahme sind die Dülmener bis zu 16 Stunden am Tag beschäftigt, allerdings nicht am Stück. Es werden immer wieder Pausen des Dösens oder Ruhens eingelegt. Hierbei fällt auf, daß so etwas wie eine Herdenstimmung herrscht: Es gibt regelrechte Perioden des Weidens und des Ruhens. In den Stunden des Sonnenaufgangs und des Sonnenuntergangs sind die Freßzeiten am intensivsten. Das heißt also, daß sich die Tagesrhythmik der Dülmener Ponys, wie übrigens die der meisten Huftierarten, nach der Sonne richtet.

Wie unsere Untersuchungen ergeben haben, werden je nach Futterergiebigkeit der Weide täglich bis zu acht Kilometer zurückgelegt. Die Fortbewegung erfolgt im gemächlichen Schritt. Und das ist ein ganz wichtiges Faktum, welches bei der Pferdehaltung im Stall zu beachten ist. Zu seiner Gesundheit und zu seinem Wohlbefinden oder, anders ausgedrückt, zu seiner Bedarfsdeckung gehört beim Pferd nicht nur ausreichend Futter, sondern auch ausreichend Bewegung. Muskeln, Gelenke, Sehnen und Kreislauf des Pferdes sind zu täglicher langdauernder Fortbewegung angelegt und nicht zum Herumstehen.

Diese Fortbewegung ist auch unerläßlich zum Abrieb der Hufe. Was beim Reitpferd der Schmied besorgt, erledigt das Pferd in Freiheit oder bei extensiver Haltung durch die Fortbewegung. Zwar gibt es bei dem oft sehr weichen Boden des Merfelder Bruchs auch einmal zu lang gewachsene Zehenteile der Hufe und sogar Ansatz zu Spalten. Die Zehenteile brechen aber dann irgendwann ab, und der Huf erhält nach und nach wieder seine arttypische Form.

Bei knappem Futterbestand sind die Familien weit auseinandergezogen.

Die Dülmener scharren ihr Futter auch aus dem Schnee.

Gefrorene Pflanzen schaffen ihnen keine Verdauungsprobleme.

Im Winter wird, wie schon gesagt, zugefüttert. Es wurde immer wieder versucht, die riesengroße Herde an festen Futterplätzen mit Heu zu füttern. Das hat sich aber nie so richtig bewährt, weil dann an Ort und Stelle gewaltige Mengen von Kot und Schlamm entstanden. Am besten bewährt hat sich das Aufschütten von Heu in langen Schwaden, an denen genug Platz ist, so daß alle Pferde gleichzeitig fressen können. Jeden Tag erfolgt das an einer anderen Stelle, damit keine Schäden an der Grasnarbe entstehen und der Kot sich besser verteilt. Zeitwei-

Zusätzlich wird auf der freien Fläche in täglich wechselnden Bereichen Heu in langen Schwaden verteilt.

Dabei gibt es keine Futterneidreaktionen, weil für alle gleichzeitig Platz ist.

Links: Die Rinde abgestorbener Äste wird als wertvolles Ergänzungsfutter aufgenommen.

Aber auch lebendes Wurzelwerk alter Bäume wird benagt (darunter).

lig wird das Futter auch im Wald aufgeschüttet. Das ist bei widrigem Wetter, bei Schnee oder Dauerregen eine besonders pferdefreundliche und flächenschonende Lösung.

Schälen der Rinde an lebenden Bäumen tritt äußerst selten auf. Bevorzugt werden herabgefallene Äste und Zweige beknabbert, interessanterweise auch Stangen von Abtrennungen. Man geht davon aus, daß dies zur Deckung des Bedarfes an Gerbstoffen, Mineralstoffen und Spurenelementen dient, die es im Futter nicht gibt. Dies betrifft auch das Aufnehmen von Sand oder Erde an bestimmten Stellen der Wildbahn. Vor allem die Fohlen sind an solchen Stellen oft anzutreffen und scharren und knabbern dort ausdauernd.

Falls an Frosttagen die Tränken an den Gräben zugefroren sind, wird die Eisdecke mit den Hufen so lange bearbeitet, bis Wasser zur Verfügung steht. Wegen der Einfriergefahr sind die Pumpentränken zu Frostzeiten entleert.

Weide, Futter und Wasser

Pferde nehmen gemeinsam ihr Futter auf. Deshalb ist bei der Haltung darauf zu achten, daß jedes Tier einen Freßplatz hat, so daß es nicht zu Futterneidreaktionen kommt. Freilebende Pferde beschäftigen sich mit der Futtersuche bis zu 16 Stunden am Tag. Bei der Fütterung im Stall ist diese Zeit je nach Futterart auf fünf Stunden und weniger beschränkt. Es ist deshalb aus Gründen der Bedarfsdeckung auf anderweitige Beschäftigung der Pferde zu achten.

Trampelpfade

Trampelpfade nennt sie der Volksmund, diese Wege, welche durch den Tritt von Hunderten von Füßen in der Landschaft entstehen. Die Jäger nennen sie anders, da heißen sie „Wechsel“. Und zwar weil das Wild von der „Dickung“ zur „Äsung“ wechselt, beispielsweise aus dem Schutz des Waldes hinaus auf die freie Fläche mit Futter. Mit anderen Worten, diese Fährten verbinden Orte von ganz bestimmter Bedeutung miteinander.

Eigenartigerweise sind Wechsel, die durch Pferde entstehen – nicht nur im Merfelder Bruch –, überall im Gelände gleich breit. Und zwar nur so breit, daß zwei Hufe nebeneinander bequem Platz finden. Auch Trampelpfade, die von der Weide zur Tränke führen oder zwei Weideorte miteinander verbinden und auf denen sich besonders viele Ponys bewegen, werden nicht etwa breiter, sondern es sind mehrere nebeneinander angelegt.

Auch fällt auf, daß ein Wechsel, der von einem Ort aus zu einem anderen gut sichtbaren führt, nie schnurgerade verläuft. Nein, die Wechsel verlaufen seltsamerweise immer im Zickzack, vergleichbar dem Kurs eines Seglers, der gegen den Wind kreuzt. Über dieses Phänomen habe

Darunter: Gerade so breit sind die Trampelpfade, daß zwei Beine nebeneinander Platz haben.

Zur Tränke führen mehrere Pfade aus verschiedenen Richtungen.

ich viel nachgedacht und bin zur Überzeugung gelangt, daß dies mit dem Erkundungsverhalten von Pferden zusammenhängt.

Die sehr großen, hoch und seitlich am Kopf stehenden Augen gewährleisten fast Rundumsicht, aber eben nur fast. Ein gewisser Bereich hinter dem Pferd ist nicht sichtbar. Außerdem gibt es nach vorne nur einen sehr kleinen

Bereich des gleichzeitigen Sehens mit beiden Augen, also des Scharfsehens. Und nun muß dieses hochspezialisierte Fluchttier doch stets und schnell mögliche Gefahren erkennen. Da hilft nur nach einer gewissen Strecke ein Richtungswechsel. Alle zehn oder zwanzig Meter ist ein Knick im Verlauf des Wechsels zu erkennen, und damit ist das funktionierende Frühwarnsystem für Gefahren gewährleistet.

Besonders beachtenswert ist auch die Bedeutung des Trampelpfades für jedes einzelne Pferd. Das möchte ich durch ein Erlebnis illustrieren. Irgendwann einmal stand ich zwischen der Dülmener Herde und einem einzelnen Pony, das sich etwa 50 Meter abseits der Herde befand. Das Pony erschreckte sich vor mir und begann dann sonderbarerweise auf mich, die Ursache seines Schreckens, zuzugaloppieren. Knappe zwei Meter an mir vorbei preschte es zu seinen Kumpanen und fing dort unverzüglich und völlig gelassen an zu weiden. Verdutzt sah ich mich um und entdeckte unmittelbar vor mir einen Wechsel, der in Richtung Herde führte.

Aus diesem Erlebnis ist zu entnehmen, daß der Wechsel für Pferde die Bedeutung besonders großer Sicherheit hat. Im Erbgedächtnis der Pferde scheint verankert, daß man sich auf einem Wechsel getrost und in Sicherheit bewegen kann. Es haben sich auf demselben schon viele Hunderte anderer Artgenossen bewegt, und wenn die sich dort bewegt haben, dann kann er nur in eine Richtung führen, wo es keine Gefahren gibt. Und deswegen sind eben auch Reit- oder Fahrpferde mit mehr Gelassenheit dort zu bewegen, wo ihnen die Umgebung vertraut ist. Im übrigen wußten schon die Steinzeitjäger um diese Dinge und haben ihre verdeckten Fanggruben unter solchen Trampelpfaden angelegt.

Nimmt man sich einmal die Zeit, abseits einer Tränke die Herankommenden und die Wegmarschierenden zu beobachten, kann man folgendes erleben: Ein Familienverband nähert sich der Tränke, aufgereiht wie Perlen an der Schnur. Vorne als erste die Leitstute, unmittelbar dahinter ihr diesjähriges Fohlen, danach eine weitere Altstute mit Fohlen bei Fuß und so weiter. Alle exakt auf dem Wechsel gehend. An der Tränke angelangt löschen sie ihren Durst.

Mittlerweile hat sich ein sehr junges Fohlen einer anderen Familie just auf dem Pfad niedergelassen und macht

Trampelpfade ziehen sich durchs Gelände als Verbindung wichtiger Orte. Sie verlaufen im Zickzack, um bessere Rundumsicht zu ermöglichen.

ein Schläfchen. Unsere Familie nimmt den Rückweg unter die Beine, wieder auf demselben Wechsel. Da aber liegt das Fohlen. Die Leitstute macht vorsichtig einen Bogen um das Fohlen, verläßt also die Fährte ganz kurz, um unmittelbar danach wieder auf den Wechsel einzuschwenken. Alle Nachfolgenden tun ein gleiches. So strikt werden angeborene Regeln befolgt!

Links: Falls möglich werden die Pfade auch bei der Flucht benutzt.

Trampelpfade

Der Mensch, der sich im Umgang mit Pferden nicht sicher fühlt, tut gut daran, sein Pferd nur auf vertrauten Wegen zu bewegen, auf daß dieses sich sicher fühle. Und soll es auf den neuen, ungewohnten Hänger gehen, dann nehme man vertrauten Pferdemist mit Stroh vermischt und streue ihn auf die Rampe.
Soll ein Pferd sich in unvertrautem Gelände oder in ungewohnten Situationen sicher fühlen, dann muß es Vertrauen zum Reiter haben. Das gibt ihm Sicherheit. Der Reiter „ersetzt" dann den Artgenossen.

Von Unlust, Lust und Wohlbefinden

Unten Links: Noch etwas unbeholfen kratzt sich das Fohlen am Hals.

Pfahl und Stange sind in gerade der richtigen Höhe (unten rechts).

Ganz unten: Rauhe Birkenrinde tut wohl.

Ein Ast wird zur Gesichtspflege genützt (ganz unten rechts).

Fellpflege und Wohlbefinden

Bis jetzt haben wir uns damit beschäftigt, wie es mit der Futtergrundlage der Dülmener aussieht, wie sie ihren Bedarf an Nährstoffen decken, um wachsen und gedeihen zu können. Wir haben gesehen, wie sie möglichen Gefahren begegnen, um keinen Schaden zu nehmen. Gelingt ihnen beides, spricht man von „Wohlbefinden".

Mit diesen Vitalfunktionen ist aber das Wesen Pferd nur unvollständig beschrieben. Was nämlich das Pferd antreibt, Futter zu suchen oder Gefahren zu meiden, sind seine jeweiligen Befindlichkeiten, also zum Beispiel Hunger oder Unsicherheit. In diesem Kapitel wollen wir uns nun mit Verhaltensweisen beschäftigen, die von Mißempfindungen zu Wohlbefinden führen. Das ist ein vielschichtiger Komplex, der von den Verhaltenskundlern als „Komfortverhalten" bezeichnet wird.

Wo die Zähne hinreichen, lindern auch sie den Juckreiz (Links oben).

Oben rechts: Bekanntlich stehen Pferde auch nach dem Wälzen mit der Vorhand zuerst auf.

Links: Das Staubbad ist eine wahre Wohltat.

Unten: Angenehm und vertrauensbildend ist die gegenseitige „soziale“ Fellpflege. Sie beginnt vorn am Hals ...

... und wird allmählich weiter nach hinten ausgedehnt.

Die Haut des Pferdes ist ein empfindliches Organ, das ständiger Pflege bedarf. Das wird bei den Dülmenern besonders deutlich im Frühjahr, zur Zeit des Fellwechsels. Allenthalben sieht man Alt und Jung am Drahtzaun stehen und sich kräftig den Hals, die Flanken und das Hinterteil reiben. Oder sie stehen im Wald und scheuern sich heftig an der rauhen Rinde großer Bäume, oder sie kratzen sich an den Enden abgebrochener Äste. Was man auch oft beobachtet, ist das Durchkämmen von Mähne und Schweif am Stacheldraht der Einzäunung. Übrigens habe ich in den 40 Jahren meiner ständigen Wildbahnbesuche nie eine Verletzung durch Stacheldraht erkennen können, was auf die weiten Flächen des Merfelder Bruchs zurückzuführen sein mag, auf denen so leicht kein Pferd in die Enge getrieben wird, so daß es in einen Zaun liefe. Sehr geschätzt werden auch übriggebliebene Pfosten alter Zäune. Deren oberes Ende ist, falls es in der richtigen Höhe steht, sehr beliebt, um sich draufzusetzen und das Hinterteil zu scheuern.

Natürlich beknabbern die Ponys auch selber alle Teile des Felles, die sie mit ihren Zähnen erreichen können. Da Pferde an jedem Bein aber nur eine Zehe haben, sind die Hufe zur Fellpflege wenig geeignet, wenngleich auch sie eingesetzt werden. Hingegen schafft das Wälzen am Boden vielfältige Möglichkeiten, das lästige Hautjucken abzustellen. Gewälzt wird an recht unterschiedlichen Orten: Das kann auf Gras sein oder auf erdigen Stellen. Besonders beliebt aber sind Sandplätze. Ob feuchte Erde oder Sand, beide sind geeignet, sich mit losen Haaren, überschüssigem Hautfett und Parasiten zu vermischen. Nach dem Rubbeln am Boden steht das Pony auf und schüttelt sich, wie wir das von Hunden kennen, so daß Haare und Schmutz nur so herumfliegen.

Die Natur hat sich bei den Säugetieren und damit natürlich auch bei den Pferden etwas ganz Besonderes zur Hautpflege einfallen lassen: die „soziale Hautpflege“. Zwei Pferde gehen mit nach vorn gerichteten Ohren aufeinander zu. Man nimmt kurz Nasenkontakt auf, um dann unmittelbar danach mit den Schneidezähnen Halspartien des Herdengenossen zu beknabbern. Dabei werden kleine Hautfalten abgehoben und mit den Zähnen durchgeknetet. Die Ohren sind zur Seite gestellt und die Nüstern, wenn es staubt, geschlossen. Man nennt das ein „Putzgesicht“. Pferde zeigen viele Gesichter. Die wollen wir zusammengefaßt in einem eigenen Kapitel betrachten.

Die knetenden Pflegemaßnahmen werden an der Flanke des Partners weitergeführt bis zum Hinterteil. Auf solche Weise wird die Durchblutung der Haut gefördert, es werden getrockneter Schweiß und Schmutz entfernt, und – was von besonderer Bedeutung ist – es wird mögliche Kontaktscheu abgebaut und die gegenseitige freundschaftliche Beziehung gefördert. Im Zusammenhang mit dem Fortpflanzungsverhalten kommt, wie wir noch se-

An heißen Tagen steht man gemeinsam dicht an dicht im Schatten, hat da Kühlung und zusätzlich den Schweif irgendeines Herdengenossen im Gesicht.

Der Schweif der Herdengenossin dient als Fliegenwedel und Ventilator.

hen werden, dieser Form des Sozialverhaltens unter Pferden noch eine weitere Rolle zu.

Pferdeleute sollten sich dieser sozialen Hautpflege, allerdings mit Striegel und Bürste, mit Sorgfalt bedienen, gewissermaßen als vertrauensbildenden Akt.

Unlustgefühle lösen auch unangenehme Wettersituationen aus. An heißen Sommertagen, vor allem bei stechender Sonne, suchen einzelne Familienverbände den Schatten von Bäumen auf, oder die ganze Herde begibt sich in den Wald, wenn dort die Insektenplage geringer ist als draußen. Denn oft ist im Wald weniger Luftbewegung als draußen, und Insekten mögen Luftbewegung nicht. Als soziale Funktion kommt dem Schweif, wie schon erwähnt, Bedeutung zu als Fliegenwedel und Ventilator, und jeder versucht bei Insektenplage, in den Aktionsbereich eines solchen Schweifes zu gelangen. Dabei werden oft komplizierte Positionssysteme entwickelt.

Nach kalter Winternacht steht die Herde zum Aufwärmen quer zu den Strahlen der Sonne.

Wer einzeln steht, hat mehr von der Sonne.

Vor der Senkung des Grundwasserspiegels waren die Wälder im Bruch auch im Sommer sumpfig, und es schwirrten dort Myriaden von Insekten. Zu dieser Zeit konnte man die ganze Herde auf möglichst freier Stelle, wo also noch etwas Luftbewegung herrschte, dichtgedrängt stehen sehen, so dicht, daß zwischen den Leibern der Pferde kein Durchkommen war. Auf diese Weise wurden sie mit der Insektenplage noch am besten fertig. Heute ist solches Verhalten nicht mehr zu beobachten.

Ein nasses Fell schützt nicht gegen die Kälte, weil die isolierende Luftschicht zwischen den Haaren reduziert ist. Kommt dann noch Wind hinzu, also erhöhte Verdunstung des Wassers mit Kältebildung, dann wird es so richtig unangenehm. Deshalb suchen die Ponys auch im Sommer bei Regen und gleichzeitigem Wind geschützte Stellen am Waldrand oder hinter Büschen auf.

In vermehrtem Maße ist dies natürlich in der kalten Jahreszeit der Fall, denn zu starke Abkühlung des Fells zieht eine Senkung der Körperkerntemperatur nach sich. Senkung der Körperkerntemperatur wiederum hat Störungen der Stoffwechselprozesse zur Folge. Und das alles äußert sich als Unlustgefühl. Um dies zu vermeiden, suchen Pferde einen Witterungsschutz auf.

Fellpflege und Wohlbefinden

Körperpflege ist zur Erhaltung der Gesundheit von großer Bedeutung. Soziale Fellpflege bei Pferden dient dem Abbau der Kontaktscheu und dem Aufbau von Vertrauen. Daran sollten Pferdeleute im Zusammenhang mit dem Putzen immer denken.
Heißes Sonnenwetter oder Regentage mit Wind schaffen Unlustgefühle, denen Pferde durch Aufsuchen eines Witterungsschutzes zu entgehen trachten. Funktionstüchtiger Witterungsschutz ist unabdingbare Forderung bei der Pferdehaltung im Freien.

Schwemme und Suhle

Am großen Entwässerungsgraben – er verläuft von West nach Ost und bildet die südliche Grenze der „großen Wiese" – ist durch Ausbaggern ein Tümpel angelegt, der den Ponys als Tränke dient. Zu ihm führen zahlreiche Wechsel aus allen Richtungen. Nehmen wir einmal einen warmen Sommertag, so etwa gegen 10 Uhr morgens.
Auf einigen der Wechsel ziehen gemächlich Familienverbände heran, immer die Leitstuten voraus. Der erste Verband erreicht das Wasser. Immer noch in der ranglichen Folge betreten die einzelnen Tiere das Wasser. Prüfend schlägt die Leitstute mit einem Vorderbein ins Wasser: Der Untergrund ist fest und keinerlei Ungetier vorhanden. Vorsichtig tauchen die Lippen in den Wasserspiegel, bis an den unteren Rand der Nüstern. In langen Zügen, fast geräuschlos, wird das Wasser eingesogen. Nach einigen Minuten ist der Durst gelöscht.

Der Teich dient zunächst als Tränke.

Nur mit dem vorderen Teil der Lippen wird das Wasser aufgenommen.

Die Sonne brennt warm auf den Pelz. Und jetzt beginnt unsere Leitstute mit dem Vorderbein ganz heftig ins Wasser zu schlagen, so daß dieses weithin aufspritzt. Vergleichsweise sieht das aus wie bei einem Menschen, der sich erst abkühlt, bevor er sich in die Fluten stürzt. Und tatsächlich, auch unsere Stute läßt sich jetzt ins Wasser plumpsen, und nicht nur das, sie beginnt sich im nun schlammig gewordenen Naß von rechts nach links und von links nach rechts zu wälzen, auch über den Rücken hinweg, minutenlang. Dann steht sie auf und schüttelt sich, daß die Tropfen nur so fliegen. Jetzt marschiert sie zum Rand des Tümpels, dorthin, wo es erst so richtig schlammig ist. Sie läßt sich erneut nieder und suhlt sich nun im reinen Morast. Wenn sie aufsteht, sieht sie nicht mehr ganz wie ein Pferd aus, sondern erinnert – abgesehen von den Ohren – eher an ein Wildschwein.

Dann verläßt sie auch diesen Ort und begibt sich ins Trockene, um erneut eine Wälzorgie zu starten. Diesmal

Aber dieser Teich dient auch als Schwemme und Suhle.

Nach dem Bad Trockenwälzen auf der Wiese

um den Schlamm mit den Hautschuppen, losen Haaren und Insekten loszuwerden. Und danach abermals kräftiges Schütteln. Die Sonne und der Wind tun bald ein übriges und sorgen für das Trocknen des ganzen Geschmiers. Dieser Schorf wird dann, wie weiter oben beschrieben, durch soziale Fellpflege, durch Schubbern an Bäumen und abermaliges Wälzen im Gras entfernt, so daß unsere Stute nach zwei Stunden wieder blitzblank und wie neu aussieht.
Wir kehren zurück zur Anfangsszene, als sich die Familienverbände der Tränke näherten. Was unsre Leitstute machte, taten auch andere und natürlich auch die Fohlen. Gefahrlos, weil der Tümpel gerade so tief ist, daß er den Pferden bis an den Bauch reicht.
Zwei Familienverbände können die Schwemme oder Suhle gleichzeitig nützen. Die andern müssen warten und tun das auch geduldig. Zwar ist da oder dort einmal Geschrei zu hören, wenn sich eine Rangniedere zu nahe an eine Ranghohe herangewagt hat. Auch setzt es da einmal Bisse und dort einmal Schläge aus der Hinterhand. Aber das ist eher selten.
Sorge tragen müssen die Betreuer der Wildbahn, daß die Schlammassen am Rande des Tümpels nicht zu groß werden. Deshalb wird dieser mindestens einmal im Jahr ausgebaggert, und damit werden auch die großen Massen an infektionsfähigem Parasitenmaterial entfernt. Ein großer Vorteil bei dieser Tümpelpflege ist der sandige Boden des Merfelder Bruchs.
Wer nun aber glaubt, dieser Tümpel diene nur im Sommer als Schwemme und Suhle, der irrt sich gewaltig. Er wird zum Zwecke der Fellpflege das ganze Jahr über aufgesucht. Es mutet einen schon sonderbar an, wenn man vermummt bis zu den Ohren etwa im Februar da steht und sieht, wie sich die Tiere im Schlamm suhlen. Ja, dann schaudert es einen. Pferde sind eben anders konstruiert als Menschen.

Schwemme und Suhle

Für die Pflege des Fells und damit für die Gesundheit des Pferdes ist es besonders wertvoll, wenn es in der Schwemme einmal so richtig durchweicht. Auch ein Schlammbad ist für die Reinigung des Fells von Wert, wenn es hernach abgewaschen oder, nachdem es getrocknet ist, mit Striegel und Bürste gereinigt wird. Grundsätzlich muß aber Sorge getragen werden, daß für das tägliche gesundheitsfördernde Wälzen der Pferde geeigneter Platz geschaffen ist.

Ruhen

Ruhen bedeutet nichts tun. Diese Nichtstun hat aber sehr wohl einen wichtigen Verhaltensaspekt, weil es dem Organismus zur Entspannung verhilft und dem Nervensystem Regenerierung bringt. So ist nicht nur beim Menschen bekannt, daß langzeitiger Entzug von Ruhe und Schlaf zu Erkrankungen vor allem des Nervensystems führt. Beim Ruhen des Pferdes gibt es Ruhe im Stehen oder Liegen, Dösen im Stehen oder Liegen und Schlaf, der in aller Regel nur im Liegen stattfindet. Wichtig für das Ruhen im Liegen sind die Umgebungssituation (Fluchttier!) und der Untergrund, auf dem das Liegen stattfindet.
Aber schauen wir uns das im Merfelder Bruch etwas genauer an: Es ist an einem warmen Tag gegen Mittag. Eine Familie kommt von der Tränke und gesellt sich zur Herde. Da sind zahlreiche Fohlen zu sehen, die bei Fuß ihrer Mütter liegen. Die Neuangekommenen halten an und bleiben stehen. Zunächst schauen sie mit aufmerk-

Das Ruhen hat bei Pferden vielfältige Formen. Mal stehen alle dösend, …

… mal ruhen nur die Fohlen, …

... mal stehen alle mit dem Hinterteil gegen den kalten Wind.

samen Augen und gespitzten Ohren rundum. Dann läßt die Aufmerksamkeit nach, die Ohren sind unspezifisch zur Seite gerichtet. Ein Hinterbein „schildert", das heißt, es wird nur mit der Hufspitze auf den Boden gestellt. Kopf und Hals sind gesenkt, die Augenlider werden fast geschlossen, die Lippen hängen schlaff. Das nennt man „Dösen". Der Zustand kann nur wenige Minuten, aber auch ein halbe Stunde andauern.

Eine Stute senkt Kopf und Hals auf den Boden und beschnuppert diesen. Sie geht untersuchend ein paar Schritte, knickt dann in den Vorder- und in den Hinterbeinen ein und läßt sich nieder. Die Vorderbeine sind im „Knie" – korrekt gesagt in den Vorderfußwurzelgelenken – eingeschlagen. Die Ohren klappen zur Seite, der Blick wird schläfrig. Immer mehr senken sich Kopf und Hals, bis die Nase sich auf den Boden stützt. Die Augen fallen zu, die Stute schläft. Eine andere Stute hat sich auf der Suche nach einem geeigneten Platz ebenfalls niedergelassen. Bei ihr bleiben beide Vorderbeine gestreckt. Nach einiger Zeit legt sie sich auf die Seite, alle vier Beine gerade von sich gestreckt. Die Augen fallen zu, die Lippen werden schlaff. Sie schläft ebenfalls. Und so kann es an schwülen Tagen vorkommen, daß weit über die Hälfte der Herde stehend oder liegend vor sich hindöst oder aber im Liegen schläft, wobei meist alle Fohlen schlafen.

Bei den Fohlen dauert der Schlaf viel länger und erfolgt

Beim Ruhen im Liegen können die Vorderbeine eingeschlagen oder gestreckt sein.

Falls die Vorderbeine ausgestreckt sind (oben), …

… müssen sie vor dem Aufstehen gebeugt werden (oben rechts), …

… damit das pferdearttypische Aufstehen mit der Vorhand zuerst gelingt.

auch täglich öfter als bei den Erwachsenen. Wissenschaftler haben herausgefunden, daß Fohlen täglich mehr als eine Stunde im Tiefschlaf verbringen, während dieser Zustand bei den erwachsenen Tieren insgesamt keine Stunde erreicht. Meine eigenen Feststellungen gehen dahin, daß Pferde in freier Natur durchschnittlich etwa sechs Stunden täglich ruhen, dösen und schlafen, unterteilt in bis zu acht Perioden oder mehr, wobei die Nachtperioden meist länger dauern als die des Tages. Sehr junge Fohlen verbringen ungefähr die Hälfte des Tages mit Liegen. Diese Zeit verkürzt sich dann im Laufe der Entwicklung. Bis zum Alter von drei Jahren liegen junge Pferde noch wesentlich länger als erwachsene.

Die Orte des Ruhens sind je nach Wetter und Jahreszeit recht unterschiedlich. Nasse Stellen werden nach Möglichkeit gemieden. Bei Niederschlag und Wind wird Witterungsschutz im Wald, am Waldrand oder hinter Hecken aufgesucht. Weht der Wind nur gemäßigt, suchen die Dülmener freie Flächen auf. Bevorzugt werden solche, die etwas höher sind als die Umgebung. Bei Wind und Niederschlag stehen oder liegen die Ponys mit dem Hinterteil gegen den Wind. Falls am frühen Morgen nach kalter Nacht die Sonne scheint, stellen oder legen sie sich quer zu den Sonnenstrahlen, um einen möglichst großen Teil der Körperoberfläche aufzuwärmen, wie das schon oben beim Komfortverhalten beschrieben wurde.

Beim ruhenden Stehen sind alle Sinnesorgane des einzelnen Tieres erkundend in die Umgebung gerichtet. Beim Dösen und vollends im Schlaf wird wenig mehr wahrgenommen. Aber es ruhen nie alle Pferde der Gemeinschaft gleichzeitig. Immer gibt es, wie schon berichtet, „Wachtposten", deren Aufgabe es ist, Gefahren möglichst früh zu erkennen. Sehr junge Fohlen ruhen stets in unmittelbarer Nähe der Mütter, suchen aber besonders gerne von der Sonne aufgewärmte Sand- oder Erdflächen auf.

Ruhen

Die Sicherstellung ausreichender, ungestörter Ruhezeiten ist für Gesundheit und Wohlbefinden von Pferden unerläßlich. Damit Pferde sich auch im Liegen ausruhen können, sind trockene Ruheplätze zu schaffen, die weder Störungen von außen noch durch Herdengenossen ausgesetzt sind. Im Ruhebereich muß für alle Tiere gleichzeitig ausreichend Platz sein, und es ist für Durchflutung mit Frischluft zu sorgen.

Hengste

Zum Überleben in freier Natur ist Voraussetzung, daß von Generation zu Generation ein Erbgut weitergegeben wird, das Individuen hervorbringt, die für den jeweiligen Lebensraum die richtigen Eigenschaften mitbringen. Weil es aber nun bei Pferden so ist, daß ein Hengst zusammen mit vielen Stuten Nachkommen hat, muß es entsprechend sorgfältige Ausleseprinzipien geben, damit nur Hengste mit geeignetem Erbgut – die Wissenschaftler sprechen von *fitness* – bei der Paarung zum Zuge kommen.

Im Zusammenhang mit dem Zuchtgeschehen bei den Dülmenern trifft man hierzu entsprechende Maßnahmen. Weitab von der großen Stutenherde im Merfelder Bruch gibt es bei der Ortschaft Merfeld eine große Weide, auf der die für die Nachzucht in Frage kommenden Hengste zusammenleben. Ihre Zahl wechselt von Jahr zu Jahr. Es sind in der Regel drei bis sieben Tiere, die aber keinen Stall zur Verfügung haben, sondern nur eine offene Weidehütte, in der sie Witterungsschutz finden und wo sie auch gefüttert werden. Diese Art der Haltung ist wichtig, denn auch die Hengste müssen zeigen, ob sie bei der oft widrigen feuchtkalten Witterung gesund und kräftig bleiben. Auch erhalten sie wie die Stuten kein Kraftfutter.

Übrigens ist das Zusammenleben nur von Hengsten eine Sache, die bei völlig wildlebenden Pferden, etwa den Mustangs in Nordamerika und auch bei ihren Verwandten, den Zebras, üblich ist. Denn sobald sich Junghengste im Alter von zwei Jahren für rossige Stuten zu interessieren beginnen, werden sie vom Herdenhengst, dem die Produktion der Nachkommen obliegt, von der Stutenherde weggejagt. Sie schließen sich dann zu einem Jungheng-

Diese Hengste leben zusammen in der Hengstherde. Dabei zeigen sie immer wieder kleine Kampfspiele.

Ausschlagen mit der Hinterhand kommt eher selten vor.

Im Steigen wird versucht, den Rivalen niederzudrücken.

In diesen Kampfspielen sind all die Elemente enthalten, die in der Dressur und in der Hohen Schule verfeinert werden. Der rechte Hengst zeigt im Ansatz die „Levade“.

Jetzt zeigen beide das „Steigen“, wie bei der Freiheitsdressur im Zirkus.

Es gibt auch andere Duelle: Hier wird der Kot des Rivalen berochen, …

… darauf folgt Flehmen (oben) …

… und schließlich die Markierung mit dem eigenen Urin (oben rechts).

sterudel zusammen, wo sie durch spielerisches Geplänkel und auch durch Ernstkämpfe in der ranglichen Hierarchie nach oben streben. Hat der ranghöchste Junghengst dann mit vier bis fünf Jahren genügend Selbstbewußtsein und auch ausreichend kämpferische Erfahrung gesammelt, dann kommt es in der freien Natur zum Kampf zwischen diesem Junghengst und dem Herdenhengst. Gewinnt er den Kampf, dann übernimmt er die Herde und damit die Fortpflanzung. Der Althengst wird zum Einzelgänger oder schließt sich einem Hengstrudel an, wobei er sich dem Ranghöchsten des Rudels unterordnen muß. Durch diese Art natürlicher Selektion sind dann auch die Voraussetzungen gegeben, daß optimales Erbgut weitergegeben wird.

In Merfeld geht das etwas anders. Zwar finden auch da Rangkämpfe zwischen den Junghengsten statt, die dann schließlich *einer* gewinnt. Aber damit ist er noch nicht in der Stutenherde. Wenn nämlich der Mensch ins Fortpflanzungsgeschehen eingreift, muß er darauf achten, daß die Fohlen möglichst im Frühjahr geboren werden, damit sie kräftig werden und gut über den Winter kommen. Deswegen ist der Beginn der Decksaison im April. Darauf kommen wir im nächsten Kapitel zu sprechen.

Zunächst wollen wir uns mit dem Ablauf der Rangkämpfe beschäftigen. Zwei Rivalen verfolgen einander in schnellem Lauf. Dann kreiseln sie umeinander und versuchen sich zu beißen, in den Hals, in die Flanke oder aber in die Vorderfußwurzelgelenke. Dabei werden die Ohren schon einmal gelegt. Danach gibt's wieder Verfolgungsjagden, Kreiseln umeinander und schließlich Steigen auf der Hinterhand, wobei der Steigende versucht, den Rivalen von oben herab nach unten zu drücken, ihn „unterlegen" zu machen. Auch kommt es zu Keilereien, bei Hengsten meist aus der Vorhand heraus, selten einmal aus der Hinterhand.

Es gibt aber auch eine ander Art von Duellen, nämlich mit dem Kot oder dem Urin. Sobald ein Hengst auf eine Kotstelle trifft, beginnt er diese zu beriechen, dann „flehmt" er, tritt etwas vorwärts und setzt seinen eigenen Kot auf den Haufen, zum Zeichen: „Ich bin der Stärkste". Genauso verfährt er mit Urinstellen. Er beriecht, flehmt, tritt vorwärts und setzt seinen eigenen Urin darauf.
Was hat es mit dem Flehmen auf sich? Pferde besitzen in ihrer Nase das „vomero-nasale Organ", das besondere Duftstoffe erkennen kann. Damit dieses Organ mit den Duftstoffen in Berührung kommt, werden Hals und Kopf nach oben gereckt, und die Oberlippe wird gerümpft, so daß die geschlossenen Zähne sichtbar werden. In dieser Position wird dann der Duftstoff an diesem Organ vorbeigeatmet. Neben dieser Duftaufnahme scheint mir die typische Haltung beim Flehmen aber auch noch eine optische Funktion zu haben. Diese Haltung ist weithin sichtbar und dient – so meine ich – dem Imponieren gegenüber den anderen Hengsten. So etwa: Wer am deutlichsten flehmt, ist der Größte.
Als Nachwuchshengste werden sowohl aus der Wildbahn stammende als auch polnische Konikhengste gewählt. Diese Konikhengste kommen aus einem Lebensraum, der dem des Merfelder Bruchs sehr ähnlich ist. Deshalb haben sie ein Erbgut, das besonders gut zu den Dülmenern paßt.

Hengste

Es ist wichtig für junge Hengste, daß sie mit anderen Junghengsten aufwachsen, um das angeborene kämpferische Sozialverhalten zu üben und auch um zu lernen, sich gegebenenfalls unterzuordnen, ohne Schaden zu nehmen. Für die Zucht sollten besser nur solche Hengste gewählt werden, die sich im Rudel als ranghoch erwiesen haben.

Vom Werden und Wachsen

Paarungsverhalten

Es ist Mitte April. „Etzel", ein mausgrauer 6jähriger Hengst – er stammt aus der Wildbahn – und „Nocik", ein falber 4jähriger polnischer Konikhengst, werden mit Hilfe von etlichen Leckerbissen auf der Merfelder Weide ans Halfter genommen. Sie steigen, als täten sie das jeden Tag, auf den Hänger und werden, lose nebeneinander angebunden, in den Merfelder Bruch gefahren. Das geht deshalb so problemlos, weil sie bis dahin ständig beieinander lebten. Draußen angekommen werden sie wenige hundert Meter weg vom Gros der Stutenherde entladen und vom Halfter befreit.

Abseits von der Herde stehende Stuten, und seien sie noch so jung, werden vom Hengst zur Herde getrieben, damit sie nicht etwa ein Nebenbuhler erwischt.

Etzel stürzt sich in vollem Galopp auf die Herde, prallt dort auf eine Altstute, die ihn abwehrt, und treibt dann eine Familie vor sich her. Nocik beriecht erst einmal den Boden und macht sich dann auch im Galopp zur Herde auf.

Es ist Hengsten angeboren, Gruppen von fortpflanzungsfähigen Stuten zu umkreisen und auf engstem Raum zusammenzudrängen. Die Funktion dieses Verhaltens ist, die Übersicht zu behalten und schnell zu erkennen, ob ein anderer Hengst an den Stuten ebenfalls interessiert ist. Die Familienverbände respektive deren Leitstuten wiederum betrachten den Hengst, solange sie nicht rossig sind, nur als störenden Eindringling und versuchen deshalb ihrerseits, ihn abzuwehren.

Unsere beiden Hengste sind zunächst einmal damit beschäftigt, jeweils Familien zu treiben oder auch die eine oder andere nach „Rosse" riechende Stute interessiert zu beschnuppern. Die beiden unterscheiden sich aber in ihrem Treibverhalten. Etzel, der Graue, hält die Ohren eher erkundend nach vorn gerichtet, während Nocik, der Falbe, sie drohend anlegt. Der Graue zeigt vorwiegend Imponierverhalten im Stehen und Laufen, während der Falbe sehr oft drohende Pendelbewegungen mit Kopf und Hals von oben nach unten vollführt (ich habe dafür den wenig elegant klingenden Begriff „Nick-Droh-Treiben" gewählt). Beim Treiben Nociks fällt auf, daß er die Stuten fast bösartig attackiert, so daß sie schreiend und Urin verspritzend davonstieben. Irgendwie hat man den Eindruck, daß er dem Paarungsgeschäft noch nicht so richtig gewachsen ist.

Immer wieder kommt es zu Konfrontationen mit nichtrossigen ranghohen Stuten, wobei die Hengste unter „Geschrei" – anders kann man diese unschönen Töne nicht bezeichnen – die Stuten mit Vorhandschlägen traktieren, die von den ärgerlich quiekenden Tieren mit Auskeilen der Hinterhand beantwortet werden.

Nach etwa einer halben Stunde ist das Treiben weniger heftig. Die Stutenverbände lösen sich aus der Herde und gehen ihrem Hauptgeschäft, dem Weiden, nach. Einige Hochrossige beginnen sich ihrerseits für die Hengste zu interessieren. Es kommt zu gegenseitigen Begrüßungsszenen: Hengst und Stute gehen friedlich aufeinander zu. Die Ohren sind auf das Gegenüber gerichtet, die Nasen

Rechts: Ranghohe Stuten, die noch nicht hochrossig sind, werden vom Hengst ebenfalls getrieben.

Ganz außen: Um den richtigen Zeitpunkt für die Paarung zu erkennen, wird der Schambereich berochen.

Links: Die angelegten Ohren des Hengstes zeigen an, daß diese Stute offenbar noch nicht deckbereit ist.

berühren sich fast zärtlich. Danach beginnt das Beschnuppern an Hals und Flanke entlang bis zum Schweifansatz, der besonders duftreichen Zone. Es erfolgt auch, wieder zärtlich zu nennendes, Beknabbern unter Zuhilfenahme von Lippen und Zähnen. Das erinnert an die schon beschriebene „soziale Hautpflege zum Abbau der Kontaktscheu", wie das ja auch beim menschlichen Liebeswerben wohlbekannt ist.
Zärtliche Bisse in die Vorderbeine sind begleitet von tiefen „Brömmeltönen" des Hengstes und der Stute. Falls die Stute noch nicht hochrossig ist, zeigt sie ihm bald die schlagdrohende Hinterhand und entschwindet. Ist sie hochrossig, kann es schnell zum Aufreiten des Hengstes kommen. In diesem Fall stehen meist einige in verschiedenen Stadien der Rossigkeit befindliche Stuten dicht bei den Kopulierenden und verfolgen das Geschehen mit höchstem Interesse.
Dieser Paarungsablauf im trauten Familienverband hat seinen besonderen Sinn beim Fluchttier Pferd. Bekanntermaßen sind Kopulierende etwas „entrückt", sie sind

Links außen: Der Deckakt kann sowohl außerhalb der Herde …

… als auch im engen Kontakt mit dem Familienverband erfolgen (oben).

Zwar ist das Paarungsverhalten weitgehend angeboren, dennoch muß ein Junghengst auch noch einiges dazulernen.

nicht in der Lage, Gefahren zu erkennen. Das tun dann die anderen und schieben so lange Wache.

Der 6jährige Graue beherrscht das Deckgeschäft bravourös und führt es auf arttypische Weise und erfolgreich aus. Dabei wird die Stute mit der Vorhand im Schulter-Flankenbereich umklammert. Außerdem hält sich der Hengst manchmal mit den Zähnen im Mähnenkamm der Stute fest. Der 4jährige Falbe hingegen besteigt eine willige Stute vor Aufregung auch schon mal von der Seite, erfolglos.

Besonders verwunderlich erscheint, daß sich die beiden Hengste nicht gegenseitig attackieren. Aber sie stammen ja aus *einem* Rudel, betrachten sich deshalb nicht als echte Rivalen. Außerdem gibt es ein kaum zu verkraftendes Angebot an rossigen Stuten, so daß keine ernsthafte Rivalität aufkommt.

Am nächsten Tag hat sich die Szene beruhigt. Das suchende Auge hat Mühe, die Hengste unter den weidenden Stuten zu erkennen. Seltener, mal hier mal dort, sieht man einen der Hengste sich mit einer rossigen Stute beschäftigen. Aber alles läuft in ruhigeren Bahnen ab als in den ersten Stunden der Decksaison. „Normales" Paarungsverhalten sieht so aus: Der Hengst kontrolliert mit der Nase im Turnus alle Stuten auf Rosseduft. Dies geschieht im Scheidenbereich. Danach flehmt er. Wenn sie es duldet, folgt ein mehr oder minder umfangreiches Beknabbern. Schließlich entfernen sich beide voneinander, oft nachdem der Hengst von der Stute abgeschlagen wurde. Am nächsten Tag wird sein Liebeswerben heftiger. Die Stute duldet ihn länger, schlägt ihn dann aber wieder ab. In der Regel kommt es am dritten Tag zum Deckakt.

Außerdem ist der Hengst intensiv damit beschäftigt, den Boden zu beriechen und nach Stellen mit Harn rossiger Stuten zu suchen. Hat er eine gefunden, wird sie berochen. Darauf tritt er einen Schritt vor, um seinen eigenen Harn genau auf diese Stelle zu spritzen, zum Zeichen: „Das ist meine Stute".

Kommen lärmende Besucher, beginnt ein Hengst sofort zu treiben und versucht, die Familien auf engem Raum zusammenzudrängen. Dies hängt nicht mehr mit der Fortpflanzung, sondern mit der Schutzaufgabe des Hengstes zusammen, die darin besteht, Herden von möglichen Gefahren wegzutreiben. Also gibt's in Pferdeverbänden Arbeitsteilung: Erfahrene ranghohe Stuten führen, Hengste treiben die Stuten von bestehender Gefahr fort.

Zuletzt die Frage: Warum hat man zwei Hengste eingesetzt, obwohl doch die Erfahrungen der früheren Jahre gezeigt haben, daß ein Hengst durchaus in der Lage ist, alle fruchtbaren Stuten erfogreich zu belegen? Antwort: Rivalität macht den reiferen Hengst aktiver. Außerdem kann so der junge Hengst schon auf Fruchtbarkeit geprüft werden. Die genetische „Fingerprint"-Methode macht den Vaterschaftsnachweis heute auf einfache Weise möglich.

Paarungsverhalten

Das Paarungsverhalten ist zwar angeboren, erfährt aber im Laufe der Entwicklung des Hengstes einen Reifungsprozeß, der durch Erfahrung ergänzt wird. Jeder Hengst zeigt ein individuelles Paarungsverhalten. Die eigentliche Paarung erfolgt bei Pferden inmitten des sozialen Verbandes. Dies dient den intensiv miteinander beschäftigten Tieren zum Schutz vor Feinden.

Vom Menschen unbehindertes Paarungsverhalten findet bei Pferden inmitten der sozialen Gruppe statt. In der Regel erfolgen die „Liebesspiele" über zwei bis drei Tage. In dieser Zeit wird die Stute durch die Aktivitäten des Hengstes hormonell so eingestimmt, daß die Kopulation zu einem Zeitpunkt erfolgt, in dem die Befruchtung optimale Chancen hat. Deshalb ist die Fruchtbarkeit beim freien Herdensprung wesentlich höher als beim sogenannten Sprung aus der Hand.

Stuten und Fohlen

„Ein Pferd und eine Maus tragen das Jahr aus", so heißt die Eselsbrücke, um sich die Tragezeit von Pferdestuten zu merken. Weiß doch jedermann, daß eine Maus 21 Tage trägt! Und so werfen denn auch die Dülmener Stuten ihre Fohlen schon ab März. Weil ja die Hengste im April des Vorjahres eingesetzt wurden (ein Jahr minus 21 Tage).

Wenn einer sehr viel Geduld und dann auch noch Glück hat, kann er die Geburt eines Fohlens in der Wildbahn schon einmal erleben. Es ist gegen Abend. Eine der Stuten nimmt nur noch lustlos Futter auf. Ab und zu wendet sie ihren Kopf nach hinten gegen die Flanke. Das Euter ist prall gefüllt. Wenn man genau hinsieht, hängen an den Zitzen sogenannte Harztropfen, Vorboten der Geburt. Jetzt legt sich die Stute überraschend ab, blickt wieder nach hinten an den Leib, wälzt sich unruhig, steht wieder auf und nimmt ein paar Maul voll Gras. Ihre Scheide klafft ein wenig auseinander. Man erkennt durch die Fruchthülle gelblich schimmernd einen kleinen Huf.

Wieder legt sich die Stute nieder, stöhnt etwas und zeigt das Schmerzgesicht. Plötzlich fließt eine „Kraftwelle" durch den ganzen Körper, und nach ein, zwei Minuten purzelt das von der Fruchtblase noch teilweise umhüllte Fohlen aus dem mütterlichen Leib. Die Stute steht auf,

Unmittelbar nach der Geburt ist das Fohlen teilweise noch von den Fruchthüllen umgeben.

Die Tochter vom vergangenen Jahr darf in die Nähe des Neugeborenen kommen.

Linke Spalte: Nun beginnen die ersten Aufstehversuche, die …

… nicht gleich zum Erfolg führen.

Rechts: Auf sehr staksigen Beinen steht das Fohlen neben der erschöpft ruhenden Mutter.

Mit dem Gleichgewicht hapert's noch.

beriecht das Neugeborene und beginnt zu lecken und mit den Zähnen an der Fruchthülle zu zerren. Bei diesem Belecken wird der Säugling auch mit Nase und Lippen intensiv massiert, um den jugendlichen Kreislauf anzuregen. Überraschenderweise legt das Fohlen dabei – kaum auf der Welt – schon die Ohren: Ausdrucksverhalten schon in den ersten Minuten des Lebens!

Herannahende Tanten, Nichten und Neffen werden mit unwilligem Ohrenlegen von der Mutter verscheucht. Traut sich gar eine fremde Stute erkundend an das Fohlen heran, kann es seitens der Mutter auch Bisse setzen. Aus gutem Grund: Die Geburtszeit ist eine für das künftige Leben des Fohlens wichtige Phase. Durch „Prägung“ mittels Augen, Ohren und Nase lernen beide einander unverwechselbar kennen. Dies ist für das hochspezialisierte Fluchttier Pferd von lebenserhaltender Bedeutung. Ein Fohlen, das nach einer Flucht in einer großen Herde die Mutter nicht findet, verhungert.

Inzwischen sind zehn oder zwanzig Minuten vergangen. Es beginnen die ersten unbeholfenen Aufstehversuche des Fohlens, nach Pferdeart mit der Vorhand zuerst. Die Aufstehversuche werden von der Stute mit kräftigen Nasenstübern unterstützt, als Aufstehhilfe. Mehr oder minder lang dauern dann die Versuche. Dreißig oder vierzig Minuten nach dem Ausstoßen des Fohlens steht es schon allein auf seinen wackligen vier Beinen.

Nun beschnuppern sich beide, Nase an Nase. Die Mutter quiekt und kurz darauf auch das Fohlen. Es ist nun auch die akustische Prägung vollzogen.

Nach erfolgreichen Bemühungen ums Gleichgewicht beginnt die Suche in allen Nischen des mütterlichen Körpers. Es ist Saugfohlen angeboren, so früh wie möglich in den dunklen, warmen Nischen der Mutter die Zitzen zu suchen. Zehn, fünfzehn weitere Minuten sind vergangen: Das Fohlen hat die Zitzen gefunden und beginnt sofort zu saugen. Sein Suchen war begleitet von sanftem Schieben der mütterlichen Nase. Diese frühe Aufnahme der „Kolostralmilch“ ist für die Gesundheit des Fohlens von großer Bedeutung. So wird sein Organismus mit den lebenswichtigen Abwehrstoffen gegen Infektionen versorgt.

Sollte die Herde nun unruhig werden und wegziehen, ist das Fohlen jetzt schon – nach einer Stunde – in der Lage, der Mutter zu folgen, ja, es kann im Gefahrenfall seiner Mutter schon nachgaloppieren.

In den ersten Tagen nach der Geburt bewacht die Stute das Fohlen mit besonderer Sorgfalt. Mit wütendem Dro-

Links außen: Bei der Suche nach dem Euter hilft die Mutter.

Oben: Erwachsene Stuten dürfen nicht in die Nähe des Neugeborenen, um die Prägung nicht zu gefährden.

Darunter: Auch das schon trockene Fell des Fohlens wird emsig gepflegt.

In den ersten Wochen folgt das Fohlen der Mutter stets dicht bei Fuß.

Beim Ruhen hält das junge Fohlen …

… ebenfalls sehr engen Kontakt zur Stute.

hen oder, wenn das nicht ausreicht, mit Bissen werden Stuten fremder Familien verjagt, um ja die Prägung nicht zu verderben. Angehörige der Familie, die sich dem Fohlen neugierig nähern, werden nachsichtiger behandelt. Sie riechen ja auch nicht so fremd. Das Fohlen bleibt stets bei Fuß, ob im Stehen, Liegen oder Ziehen.
Anfänglich säugt die Stute vier- bis fünfmal in der Stunde. Diese Häufigkeit reduziert sich bereits nach der ersten Lebenswoche und erfolgt nach der 6. Woche unter zweimal je Stunde.
Nach zwei, drei Wochen vermindert sich der enge Kontakt zwischen Mutter und Kind. Das Fohlen ist inzwischen auch für die anderen nicht mehr so interessant, weil bekannt. Es beginnt auf eigene Faust Ausflüge zu machen und begierig die Umgebung zu erkunden.
Besonders ins Auge fallend ist in der Dülmener Herde, daß zu gewissen Zeiten, insbesondere am Ende einer Ruheperiode, plötzlich „Säugestimmung" auftritt. Es kann sein, daß man dann 50, 60 Fohlen sieht, die sich des mütterlichen Gesäuges bedienen. Man kann also sagen, es treten beim Dülmener (und natürlich bei allen Pferdeherden) „Stimmungen" auf, denen zufolge die Mehrzahl der Tiere ruht, Futter aufnimmt oder Fohlen säugt.

Stuten und Fohlen

Stuten fohlen zu ihrer eigenen Sicherheit im Herdenverband ab. Die Mutter verjagt alles, was sich dem Fohlen nähert, um insbesondere in der ersten Stunde die Prägung zwischen sich und dem Fohlen sicherzustellen. Das ist im Falle der Flucht lebenserhaltend. Ein Fohlen, das seine Mutter in einer großen Herde nicht findet, verhungert.
Der einfühlsame Züchter nützt diese Prägephase geschickt, damit das unter den Bedingungen der Stallhaltung lebende Fohlen auf die Mutter und auf den Menschen geprägt wird. Derart aufgezogene Pferde sind einfacher zu erziehen.

Fohlenspiele

In der ersten Lebenswoche ist der Abstand zwischen Stute und Fohlen sehr gering, selten mehr als fünf Meter. Von Woche zu Woche entfernt sich das Fohlen immer weiter von der Mutter. Es beginnt, mit Familienmitgliedern und vor allem mit anderen Fohlen vermehrt Kontakt aufzunehmen. Auch ist ein zunehmendes Interesse an Gräsern und Kräutern zu erkennen, die zunächst vereinzelt, später aber, wenn man auf den Geschmack gekommen ist, in zunehmender Menge aufgenommen werden. Hier spielen Reifungsprozesse und Lernvorgänge eine gemeinsame Rolle, wobei der Nachahmungstrieb mit von Bedeutung ist. Oft werden mit der Wurzel aus dem Boden gerissene Pflanzen im Mäulchen hin und her gezwirbelt und auch mit Hilfe von Schleuderbewegungen mit dem Kopf als Spielzeug verwendet.
Spielverhalten ist für die Entwicklung des jugendlichen Organismus ganz wesentlich. Erst läuft es in Form von Kennenlernen der Umgebung ab. In zunehmendem Maße werden dann aber die Mutter und vor allem andere Fohlen in das Spiel einbezogen. Man kann mit Überzeugung sagen, daß Spiel in seiner Funktion die Probe für den Ernstfall bedeutet, was insbesondere am Beispiel der

Laufspiele sind bei den Fohlen besonders häufig zu beobachten.

Sie sind der Körperentwicklung sehr förderlich.

Kampfspiele zwischen Hengstfohlen deutlich wird. Gleichzeitig aber werden Muskeln, Sehnen, Gelenke und der Kreislauf trainiert, was der körperlichen Entwicklung besonders dienlich ist.
Schauen wir einmal zwei spielenden Hengstfohlen zu. Im Stechschritt gehen sie aufeinander zu und nehmen Nasenkontakt auf. Da prescht das eine plötzlich im Galopp

Dabei werden auch Sprünge geübt.

Rechts außen: Das ist Spielaufforderung.

davon, das andere in wilden Bocksprüngen hinterher. Jetzt kreisen sie umeinander, versuchen sich in den Hals zu beißen und steigen auf der Hinterhand. Das Größere läßt sich von oben auf das Kleinere fallen, ganz so, wie es bei den erwachsenen Hengsten zu sehen ist. Nun stieben sie unter Rollenwechsel wieder davon und spielen Fangen, genau wie Menschenkinder. Hier laufen die ersten, spielerischen Übungen zur „sozialen Integration" ab, die für das weitere Leben in der Herde von großer Wichtigkeit sind.
Es sind aber durchaus nicht immer nur Zweiergruppen, die man beim Spielen beobachten kann. Oft bilden zwei, drei oder vier Fohlen eine richtige Spielgemeinschaft. Diese sozialen Spiele können eine Viertelstunde und länger dauern.
Es wird jedoch nicht nur sozial gespielt. Einzelne Fohlen beschäftigen sich auch intensiv mit Holzstücken, Steinen, trockenem Kot, Erdklumpen und dergleichen. Die Beschäftigung mit Erdklumpen und Kot führt außerdem

dazu, daß sie teilweise zerbissen und abgeschluckt werden. Man geht heute davon aus, daß dies der Aufnahme von für den Organismus notwendigen Mineralstoffen und zur Erwerbung der für die Immunität erforderlichen Bakterien dient. Also herrscht ein ständiger Wechsel, ein Übergang zwischen Spiel und Notwendigkeit für die Entwicklung.

„Fangen"-Spielen ...

... ist besonders beliebt.

Im Umgang mit erwachsenen Pferden muß das Fohlen aber auch oft die Erfahrung machen, daß es nicht von allen wohlgelitten ist. Mal setzt es Knüffe, mal Bisse, mal

Früh schon üben die Hengstfohlen für den späteren Ernstfall.

Schlagandeutungen mit den Hufen. Es wäre aber der Erhaltung der Gemeinschaft wenig dienlich, wenn die Fohlen bei sozialen Auseinandersetzungen zu Schaden kämmen. Dagegen gibt es „soziale Bremsen".

Als ich mit meinen Studien am Dülmener begann, fiel mir immer wieder auf, daß Fohlen, wenn sie von Erwachsenen bedroht wurden, mit dem Maul eigenartige Kaubewegungen machten, also gewissermaßen „Leerkauen" zeigten. Sobald das Fohlen leerkaute, hörte die Bedrohung durch das ältere Tier auf. Ich nannte dieses Verhalten seinerzeit „Unterlegenheitsgebärde des noch nicht erwachsenen Pferdes". Zugegeben keine sehr elegante Formulierung, aber sie ist in die Literatur eingegangen. Übrigens zeigen auch ausgewachsene Stuten, vor allem gegenüber dem werbenden Hengst, diese Gebärde, aber nur, wenn sie selber noch kein Fohlen hatten.

Auch die Mutter wird ins Spiel einbezogen.

Schon die Kleinsten suchen sich aus, mit wem sie soziale Fellpflege treiben.

Sie ist ein Zeichen des gegenseitigen Vertrauens, der Sympathie.

Fohlenspiele

Es ist für die soziale Entwicklung von Fohlen unerläßlich, daß sie in Gemeinschaft mit anderen Stuten und vor allem mit Fohlen aufwachsen. Durch Spiel als Probe für den Ernstfall trainieren sie ihr angeborenes Sozialverhalten, was gleichzeitig der Ertüchtigung des Körpers dient.

Die „Unterlegenheitsgebärde des noch nicht erwachsenen Pferdes" schützt das Fohlen vor Übergriffen durch Erwachsene.
Im Kampfspiel von Hengstfohlen erkennen wir dieselben angeborenen Bewegungselemente, wie sie bei der reiterlichen Dressur und auch bei der Freiheitsdressur im Circus zu beobachten sind.

Dicht aufgeschlossen donnert die große Herde in die von Tausenden umsäumte Arena ...

... zum Fang der Jährlingshengste.

Fang der Junghengste

Es ist am letzten Samstag im Mai. Der große Tag ist angebrochen. Ein großer Tag in des Sinnes doppelter Bedeutung: Das Leben der Dülmener Jährlingshengste wird danach in nichts mehr dem gleichen, wie es bis dahin war. Und der Merfelder Bruch ist an diesem Tag auch nicht mehr wiederzuerkennen: 20.000 und mehr Menschen fallen schon am frühen Morgen ein – ob Wind, ob Regen, ob Sonnenschein. Sie fallen ein wie ein Heuschreckenschwarm, um sich den Fang der Jährlingshengste wie jedes Jahr am selben Samstag nur ja nicht entgehen zu lassen.
Und warum werden die Jährlingshengste herausgefangen?
Im Kapitel über die Hengste wurde erwähnt, daß der Herdenhengst die Junghengste, sobald sie sich für die Stuten

Den Gesichtern der Stuten ist anzusehen, daß sie Gefahr wittern.

Besonders die Mütter zeigen die Mimik der Besorgnis (unten links).

Das wird auch deutlich, wenn der Pulk zum Stehen gekommen ist (unten rechts).

zu interessieren beginnen, aus der Herde verjagt. Die Wildbahn im Merfelder Bruch ist aber nicht groß genug für die Bildung eines Junghengsterudels im Angesicht des Herdenhengstes. Da käme es zu tödlichen Auseinandersetzungen. Um dieses und auch unkontrollierte Zucht zu vermeiden, fängt man die Jährlinge heraus.

Es war im Zuge des zunehmenden Interesses der Öffentlichkeit nicht zu vermeiden, diesen Fang organisatorisch durchzuplanen, um mit den Menschenmassen fertigzuwerden. Also wurde eine Veranstaltung daraus, mit Begleitprogramm. Das beginnt am späten Vormittag: Reitervorführungen, Voltigieren, Vorführungen züchterischer Art und dergleichen. So geht das bis zum frühen Nachmittag. Währenddessen steht die Herde auf eingezäunter Koppel bei der hufeisenförmigen Arena, die von einem Wall mit Besuchersitzen umgeben ist. Von der Koppel führt ein trichterförmiger Triebzaun zur Hufeisenöffnung der Arena. Ist dann die Stunde des eigentlichen Fanges gekommen, drücken die mit blau-weißgestreiften Hemden und roten Halstüchern bekleideten „Fänger" – Jungbauern aus der Umgebung – die Herde langsam zum Trichter in Richtung Arena.

Dieses Geschehen ist ein Erlebnis der besonderen Art. Zwölfhundert Hufe setzen sich in Marsch. Zuerst Schritt, dann Trab, dann Galopp. Dreihundert fliegende Schweife und Mähnen, vielfaches suchendes Wiehern von Stuten und Fohlen und ein brausendes Tosen, wenn die zwölfhundert Hufe auf die Erde trommeln. Und bald eine von der Sonne beschienene Staubwolke, in der die einzelnen Pferde nur noch schwach zu erkennen sind. Donnernd stürzt sich die Kavalkade ins Rund der Arena, immer dieselbe alte Leitstute voraus, wie seit vielen Jahren. Die Kavalkade bewegt sich im Kreis, drei-, viermal herum, Pferdeleib an Pferdeleib, wie ein Gewässer im Strudel. Die Fließbewegung wird langsamer. Einzelne sehr junge Fohlen irren rufend und verwirrt am Rande der Herde umher, besorgte Mütter rufen.

Jetzt greifen die Fänger ein. Die verschreckten Fohlen werden, gefolgt von ihren Müttern, erst einmal in den „Stutenstall" getrieben, ein eingezäuntes Areal auf der dem Eintrieb der Arena gegenüberliegenden Seite. Er wird nach und nach immer mehr Gruppen von Stuten aufnehmen, bei denen sich keine Jährlingshengste mehr befinden. Das ist ein regelrechter Filtrierprozeß.

Alsbald beginnen die eigentlichen Fangaktionen. Das Team der Fänger trennt einen kleinen Teil der Herde vom Gros und drängt diesen in einer Ecke zwischen Stutenstall und Arenabegrenzung zusammen.

Die Fänger beginnen Gruppen mit Jährlingshengsten abzudrängen.

Ist bei dieser Gruppe ein Jährling dabei, stürzen sich zwei, drei der Burschen auf ihn, drücken ihn zu Boden und legen ihm ein Halfter um. Einer hält den Strick des Halfters, das Hengstchen springt auf und versucht sein Glück in der Flucht nach vorn, den Fänger hinter sich auf dem Boden schleifend. Dieses Gewicht wird ihm zu groß, es bleibt stehen. Der Fänger zerrt es weiter, aber der Gefangene stemmt alle viere ein und verhält bocksteif, um dann schließlich nach der Seite einen Ausbruchversuch zu machen.

Inzwischen sind schon mehrere Gefangene vorhanden, alle wehren sich in ähnlicher Weise. Seitlich am Eingang der Arena steht die rauchende Esse, auf der das Brandeisen mit dem Wappen des Herzogs von Croy glühend gemacht wird. Der erste Kandidat wird gebracht, das Eisen zischt auf dem Fell, ein Rauchwölkchen entweicht, und der empörte Jährling hat sein Brandzeichen.

Eigentliche Schmerzreaktionen sind bei diesem Brennen nicht zu erkennen, denn das ganze Geschehen wirkt so stark auf das Tier ein, daß es das glühende Eisen nicht ei-

Es ist alles andere als einfach, einen solchen Wildling mit der Hand zu fangen, …

… und auch nicht ungefährlich.

gentlich spürt. Es ist wie bei einem Menschen, der in ein Handgemenge gerät: Er ist so angespannt und wütend, daß er es gar nicht merkt, wenn er verletzt wird.
Warum das Brennen?

Dem Zug am Halfter versucht sich dieses Hengstchen entgegenzustemmen.

Die Jährlingshengste warten angebunden, mit Nummern ...

Seit alters her mußte der Mensch Tiere, mit denen er züchtet, mit einer Markierung versehen, um gezielte Auslese von Vater- und Muttertieren betreiben zu können. Der Brand war und ist die erfolgreichste Methode, weil er ein Leben lang zu erkennen ist. Heute, in der Zeit der Elektronik, macht man die ersten Versuche mit sogenannten Transpondern, die in die Haut eingepflanzt werden, was aber auch nicht schmerzlos verläuft. Auch ist diese Methode von ihrer Brauchbarkeit her noch umstritten. Aus Gründen des Tierschutzes ist die Wissenschaft intensiv bemüht, eine für alle Probleme der Pferdekennzeichnung geeignete pferdegerechte Methode zu finden.
Die gebrannten Fohlen werden im Fohlenstall – einem gesonderten Bereich neben der Esse am Eingang der Arena – dicht nebeneinander angebunden untergebracht. Die Herdenstimmung dort läßt sie das Ganze gelassener überstehen. Alles in allem dauert der Fang etwa zwei Stunden, bis alle Jährlinge „versorgt“ sind. Danach wird die Herde wieder in die Wildbahn entlassen, was wiederum viel Staub aufwirbelt und vom Donnern der Hufe

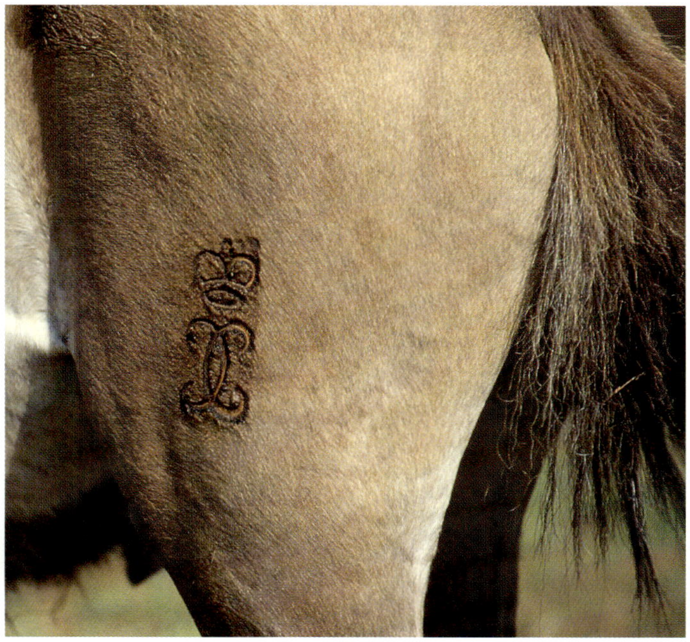

... und dem herzoglichen Brand versehen, auf die Versteigerung.

begleitet ist. Es mag erstaunen, daß sich die Herde schon nach wenigen Minuten beruhigt und zur Tagesordnung übergeht. Die Familien wandern aus der Herde ab, um Hunger und Durst zu löschen.
Nunmehr beginnt die Versteigerung der jungen Hengste,

Die Stuten sind indes ohne ihre Jährlingshengste im „Stutenstall“ eingesperrt …

… und äugen mißtrauisch nach draußen.

Die Versteigerung: Ein neues Leben beginnt, zusammen mit Menschen, die ihnen wohlgesonnen sind.

die von einem großen Kreis von Liebhabern besonders geschätzt werden, als Reitpferde für Kinder, als Kutschpferde oder als Freizeitpartner in irgendeiner Form. Sie sind, und das erstaunt eigentlich nur auf den ersten Blick, gar nicht schwer zu zähmen – hier zahlt sich wahrscheinlich das Aufwachsen in der Herde aus, die frühzeitige Gewöhnung an Rangordnungen und eine gewisse Disziplin. Den kurzen Schock des Gefangenwerdens verkraften sie offenbar schnell und ohne größeres Trauma. Wenn man pferdegerecht mit ihnen umgeht, werden sie umgänglich und auch sehr anhänglich an den Menschen.

In jüngster Zeit werden Stimmen laut, die eine schonendere Art des Einfangens fordern. Entsprechende Vorschläge sind aber von sehr theoretischer Art, weil in der Praxis nicht durchführbar. So wurde beispielsweise vorgeschlagen, die Aussonderung der Fohlen mit Hilfe von Laufgängen durchzuführen. Das kann aber nicht gelingen, weil sich Stuten mit Fohlen nicht vom Familienverband absondern lassen. Auch wäre das für beide weit mehr belastend als die oben beschriebene Methode und würde zwangsläufig zu Verletzungen führen.

Fang der Junghengste

Wenn eine Pferdeherde nicht auf riesengroßem Areal lebt, wie etwa auf den Prärien Nordamerikas oder den Steppen Australiens, müssen die Jährlingshengste zu ihrem eigenen Schutz aus der Herde entfernt werden, weil es sonst bei Auseinandersetzungen mit dem Herdenhengst zu tödlichen Folgen kommen kann.

Im Falle der Flucht, wie beispielsweise beim Eintreiben der Dülmener Herde in die Arena, hat immer nur eine alterfahrene Leitstute die Führung und zwar über viele Jahre.

Einsichten aus der Dülmener Wildbahn

Gesichter

Es war in den zurückliegenden Kapiteln verschiedentlich die Rede davon, daß das Herdengefüge für das einzelne Pferd zur Abschwächung unangenehmer Einwirkungen durch das Wetter und außerdem zur Vermeidung von Gefahren durch Feinde so wertvoll ist. Es war aber auch die Sprache darauf gekommen, daß es für rangniedere oder schwache Pferde wichtig ist, Übergriffe ranghoher zu vermeiden.

Dies alles wird geregelt durch das Ausdrucksverhalten, mit dessen Hilfe sich Pferde untereinander verständigen können. Der Verhaltensforscher nennt das „soziale Kommunikation". Obwohl die Gesichtsmuskulatur bei den Einhufern recht wenig ausgeprägt ist, kann der Kenner doch viele unterschiedliche „Gesichter" bei ihnen erkennen, die sie zeigen, wenn es um gegenseitige Verständigung geht. Diese Gesichter sind aber auch eine Hilfe für den Menschen, um das Befinden von Einzeltieren zu erkennen.

Beim *Dösen* ist das ganze Gesicht entspannt, die Augen sind halb geschlossen, Kopf, Hals, Lippen und Nüstern „hängen" gewissermaßen. Die Ohren können nach vorne oder zur Seite gestellt sein.

Unten: Begrüßung

Rechts oben: Freundschaftliches Zusammenstehen

Rechts unten: Erkundung im Stehen

Ganz anders das *Erkundungsgesicht*, das Spannung ausdrückt: Offene Augen und weite Nüstern, gereckter Hals, erhobener Kopf. Dieser Ausdruck wird im Stehen wie auch im Laufen gezeigt.

Das *Begrüßungsgesicht* sieht ähnlich aus wie das eben beschriebene, wird aber gegenüber dem Herdengenossen gezeigt, falls freundliche Absichten bestehen. In der weiteren Folge kommt es zu gegenseitigem Nasenkontakt.

Erkundung im Trab

Anders das *Drohgesicht,* gekennzeichnet durch mehr oder minder stark, oft bis zum „Anschlag" nach hinten gelegte Ohren. Bei intensiver Form sind die Mundwinkel angespannt und die Nüstern etwas geschlossen. Es kann „das Weiße im Auge" sichtbar werden. Intensivem Drohen können Biß oder Schläge aus der Vor- oder Hinterhand folgen.

Mütterliches Gesicht drückt die Zuwendung zum Fohlen aus. Es zu beschreiben, fehlen dem Forscher die Begriffe. Dasselbe gilt übrigens auch für das *Rossigkeitsgesicht.*

Das *Putzgesicht* ist zu sehen bei der sozialen Fellpflege. Meist stehen die Ohren zur Seite, die Nüstern sind geschlossen. Der Augenausdruck erscheint ein wenig „entrückt". Zum Zeremoniell vor Beginn der Hautpflege gehört das Begrüßungsgesicht.

Dann gibt es das *Flehmen* als Reaktion auf besondere Duftstoffe, ein Rümpfen der Oberlippe bei geschlossenen Zähnen, mit hoch erhobenem Kopf und Hals.

Hingegen sind beim *Gähnen* Kopf und Hals gesenkt, das Maul ist weit geöffnet.

Auch gibt es ein *Angstgesicht*, wie es zum Beispiel die Jährlingshengste beim Fang zeigen: Ohren nach hinten, weit geöffnete Augen und Nüstern, Panik im Blick.

Die letzten fünf der dargestellten Gesichter lassen Schlüsse auf die jeweilige Befindlichkeit des Individuums zu, während die anderen der Verständigung der Tiere untereinander dienen. Rangniedere sind so in die Lage versetzt, ungnädig gestimmten Ranghohen beizeiten aus dem Weg zu gehen und in der Herde ungeschoren davonzukommen.

Neben den Gesichtern ist es auch die gesamte *Körpersprache*, welche der Verständigung dient, inklusive Haltung des Schweifes, der im Zusammenhang mit Erregung und Aggressivität ärgerlich peitscht. Bei Angst oder widrigem Wetter wird er zwischen den Hinterbacken eingeklemmt.

Gesichter des Argwohns

Unten: Schwache Drohung

Unten rechts: Unterlegenes Drohen

Oben links: Soziale Fellpflege

Unten links: Mütterliches Gesicht

Oben: Flehmen eines Hengstes

Links: Flehmen eines Fohlens

Und dann gibt es noch die ganze Palette der *Lautäußerungen*. Als Ausdruck von Erregung ist Stöhnen, Blasen und Schnauben zu werten. An Artgenossen, oft aber auch an die menschliche Bezugsperson gerichtete Lautäußerungen sind Wiehern, Brummen, Quieken,

Oben: Flehmen einer Stute (selten)

Rechts oben: Angstgesicht

Rechts unten: Gähnen

Quietschen und Schreien, je nach Erregungsgrad mehr oder minder laut.
Die Vielfalt der sozialen Aktivitäten bei Pferden wird am besten mittels der nachstehenden Tabelle verstanden.

Soziale Aktivität bei Pferden

Anziehend	Zusammenhaltend	Abstoßend
Aufsuchen	Zusammensein	Drohen
Begrüßen	Folgen	Beißen
Nasenkontakt	Soziale Fellpflege	Angreifen
Belecken	Spiel	Steigen
Beriechen	Treiben	Schlagdrohen
Spielaufforderung		Schlagen

Gesichter Die soziale Verständigung bei Pferden ist von großer Bedeutung für das ungestörte Zusammenleben in der Gruppe. Menschen, die sich mit Pferden beschäftigen, tun gut daran, sich diesbezügliche Kenntnisse anzueignen, um Mißverständnisse zwischen Mensch und Pferd zu vermeiden. Mit Hilfe des Ausdrucksverhaltens der Pferde kann auch auf ihr jeweiliges Befinden geschlossen werden, was nützlich ist, um Fehler bei der Haltung und beim Umgang mit ihnen zu vermeiden.

Pferd bleibt Pferd

Am Ende jedes der 14 Kapitel dieses Buches finden sich Zusammenfassungen. Aus diesen wird ersichtlich, daß all das, was bei den Dülmenern zu beobachten ist, von jedem Pferd in menschlicher Obhut auf gleiche oder mindestens ähnliche Weise ebenfalls gezeigt wird. Mit anderen Worten: *Pferd bleibt Pferd* – ein herdenlebendes, hochspezialisiertes Fluchttier, das sich nur wirklich wohl und sicher fühlt, wenn es mit vertrauten Artgenossen zusammen ist.
Das Bestreben von Autor und Fotograf war es aufzuzeigen, wie vielfältig und zweckmäßig das Verhalten von Pferden ist. Es wurde ausgeführt, daß beim Pferd zwar ein Verhaltensgrundgerüst angeboren ist, in das aber während der Entwicklungsgeschichte des Individuums hineingelernt wird. Aufgezeigt wurde auch, was einfühlsame Pferdeleute aus den Beobachtungen einer solchen Herde für sich selbst und für ihre eigenen Pferde lernen können. Nachstehend noch einmal die Zusammenfassungen aus den einzelnen Kapiteln.

Wildpferd oder Hauspferd? Es ist wichtig festzuhalten, daß der Dülmener kein Wildpferd im eigentlichen zoologischen Sinn ist, sondern daß sich im Laufe der Entwicklung echte Wildpferde mit Hauspferden vermischt haben. Ihr besonderer genetischer Wert liegt darin begründet, daß stets die natürliche Auslese im Vordergrund der züchterischen Überlegungen gestanden hat (unten)

Familienverbände Pferde sind sozial lebende Tiere, was insbesondere anhand der Dülmener Familienverbände erkennbar wird. Sozialverhalten ermöglicht den Individuen der Gruppe so wenig wie möglich Beeinträchtigung durch andere Gruppenangehörige (unten).

Erkunden und Meiden Erkundungs- und Meideverhalten war und ist für in „Freiheit“ lebende Pferde von lebenserhaltender Bedeutung. Pferde in der sozialen

Gruppe fühlen sich sicherer als Einzeltiere. Hat es der Mensch mit einem „alleinstehenden“ Pferd zu tun, muß er dem Pferd für sein Sicherheitsbefinden Vertrauensperson sein. Im übrigen muß man Pferde schon vom Fohlenalter an möglichst vielfältigen Umweltreizen aussetzen, damit sie ihr Erkundungs- und Meideverhalten trainieren können und nicht mit dauerndem Scheuen reagieren.

Weide, Futter, Wasser

Pferde nehmen gemeinsam ihr Futter auf. Deshalb ist bei der Haltung darauf zu achten, daß jedes Tier einen Freßplatz hat, so daß es nicht zu Futterneidreaktionen kommt. Freilebende Pferde beschäftigen sich mit der Futtersuche bis zu 16 Stunden am Tag. Bei der Fütterung im Stall ist diese Zeit je nach Futterart auf fünf Stunden und weniger beschränkt. Es ist deshalb aus Gründen der Bedarfsdeckung auf anderweitige Beschäftigung der Pferde zu achten (unten).

Fellpflege und Wohlbefinden

Körperpflege ist zur Erhaltung der Gesundheit von großer Bedeutung. Soziale Fellpflege bei Pferden dient dem Abbau der Kontaktscheu und dem Aufbau von Vertrauen. Daran sollten Pferdeleute im Zusammenhang mit dem Putzen immer denken.
Heißes Sonnenwetter oder Regentage mit Wind schaffen Unlustgefühle, denen Pferde durch Aufsuchen eines Witterungsschutzes zu entgehen trachten. Funktionstüchtiger Witterungsschutz ist unabdingbare Forderung bei der Pferdehaltung im Freien (oben).

Trampelpfade

Der Mensch, der sich im Umgang mit Pferden nicht sicher fühlt, tut gut daran, sein Pferd nur auf vertrauten Wegen zu bewegen, auf daß dieses sich sicher fühle. Und soll es auf den neuen, ungewohnten Hänger gehen, dann nehme man vertrauten Pferdemist mit Stroh vermischt und streue ihn auf die Rampe.
Soll ein Pferd sich in unvertrautem Gelände oder in ungewohnten Situationen sicher fühlen, dann muß es Vertrauen zum Reiter haben. Das gibt ihm Sicherheit. Der Reiter „ersetzt“ dann den Artgenossen (rechts).

Schwemme und Suhle

Für die Pflege des Felles und damit für die Gesundheit des Pferdes ist es besonders wertvoll, wenn es in der Schwemme einmal so richtig durchweicht. Auch ein Schlammbad ist für die Reinigung des Fells von Wert, wenn es hernach abgewaschen, oder, nachdem es getrocknet ist, mit Striegel und Bürste gereinigt wird. Grundsätzlich muß aber Sorge getragen werden, daß der für das tägliche gesundheitsfördernde Wälzen der Pferde geeignete Platz geschaffen ist (unten).

Hengste

Es ist wichtig für junge Hengste, daß sie mit anderen Junghengsten aufwachsen, um das angeborene kämpferische Sozialverhalten zu üben und auch um zu lernen, sich gegebenenfalls unterzuordnen, ohne Schaden zu nehmen. Für die Zucht sollten besser nur solche Hengste gewählt werden, die sich im Rudel als ranghoch erwiesen haben (oben).

Ruhen

Die Sicherstellung ausreichender, ungestörter Ruhezeiten ist für Gesundheit und Wohlbefinden von Pferden unerläßlich. Damit Pferde sich auch im Liegen ausruhen können, sind trockene Ruheplätze zu schaffen, die weder Störungen von außen noch durch Herdengenossen ausgesetzt sind. Im Ruhebereich muß für alle Tiere gleichzeitig ausreichend Platz sein, und es ist für Durchflutung mit Frischluft zu sorgen (rechts).

Paarungsverhalten Das Paarungsverhalten ist zwar angeboren, erfährt aber im Laufe der Entwicklung des Hengstes einen Reifungsprozeß, der durch Erfahrung ergänzt wird. Jeder Hengst zeigt ein individuelles Paarungsverhalten. Die eigentliche Paarung erfolgt bei Pferden inmitten des sozialen Verbandes. Dies dient den intensiv miteinander beschäftigten Tieren zum Schutz vor Feinden.

Vom Menschen unbehindertes Paarungsverhalten findet bei Pferden inmitten der sozialen Gruppe statt. In der Regel erfolgen die „Liebesspiele“ über zwei bis drei Tage. In

dieser Zeit wird die Stute durch die Aktivitäten des Hengstes hormonell so eingestimmt, daß die Kopulation zu einem Zeitpunkt erfolgt, in dem die Befruchtung optimale Chancen hat. Deshalb ist die Fruchtbarkeit beim freien Herdensprung wesentlich höher als beim sogenannten Sprung aus der Hand.

Stuten und Fohlen Stuten fohlen zu ihrer eigenen Sicherheit im Herdenverband ab. Die Mutter verjagt alles, was sich dem Fohlen nähert, um insbesondere in der ersten Stunde die Prägung zwischen sich und dem Fohlen sicherzustellen. Das ist im Falle der Flucht lebenserhaltend. Ein Fohlen, das seine Mutter in einer großen Herde nicht findet, verhungert.

Der einfühlsame Züchter nützt diese Prägephase geschickt, damit das unter den Bedingungen der Stallhaltung lebende Fohlen auf die Mutter und auf den Menschen geprägt wird. Derart aufgezogene Pferde sind einfacher zu erziehen.

Fohlenspiele Es ist für die soziale Entwicklung von Fohlen unerläßlich, daß sie in Gemeinschaft mit anderen Stuten und vor allem mit Fohlen aufwachsen. Durch Spiel als Probe für den Ernstfall trainieren sie ihr angeborenes Sozialverhalten, was gleichzeitig der Ertüchtigung des Körpers dient.

Die „Unterlegenheitsgebärde des noch nicht erwachsenen Pferdes“ schützt das Fohlen vor Übergriffen durch Erwachsene.

Im Kampfspiel von Hengstfohlen erkennen wir dieselben angeborenen Bewegungselemente, wie sie bei der reiterlichen Dressur und auch bei der Freiheitsdressur im Circus zu beobachten sind.

Fang der Junghengste

Wenn eine Pferdeherde nicht auf riesengroßem Areal lebt, wie etwa auf den Prärien Nordamerikas oder den Steppen Australiens, müssen die Jährlingshengste zu ihrem eigenen Schutz aus der Herde entfernt werden, weil es sonst bei Auseinandersetzungen mit dem Herdenhengst zu tödlichen Folgen kommen kann.

Im Falle der Flucht, wie beispielsweise beim Eintreiben der Dülmener Herde in die Arena, hat immer nur eine alterfahrene Leitstute die Führung und zwar über viele Jahre.

Gesichter

Die soziale Verständigung bei Pferden ist von großer Bedeutung für das ungestörte Zusammenleben in der Gruppe. Menschen, die sich mit Pferden beschäftigen, tun gut daran, sich diesbezügliche Kenntnisse anzueignen, um Mißverständnisse zwischen Mensch und Pferd zu vermeiden. Mit Hilfe des Ausdrucksverhaltens der Pferde kann auch auf ihr jeweiliges Befinden geschlossen werden, was nützlich ist, um Fehler bei der Haltung und beim Umgang mit ihnen zu vermeiden (oben).

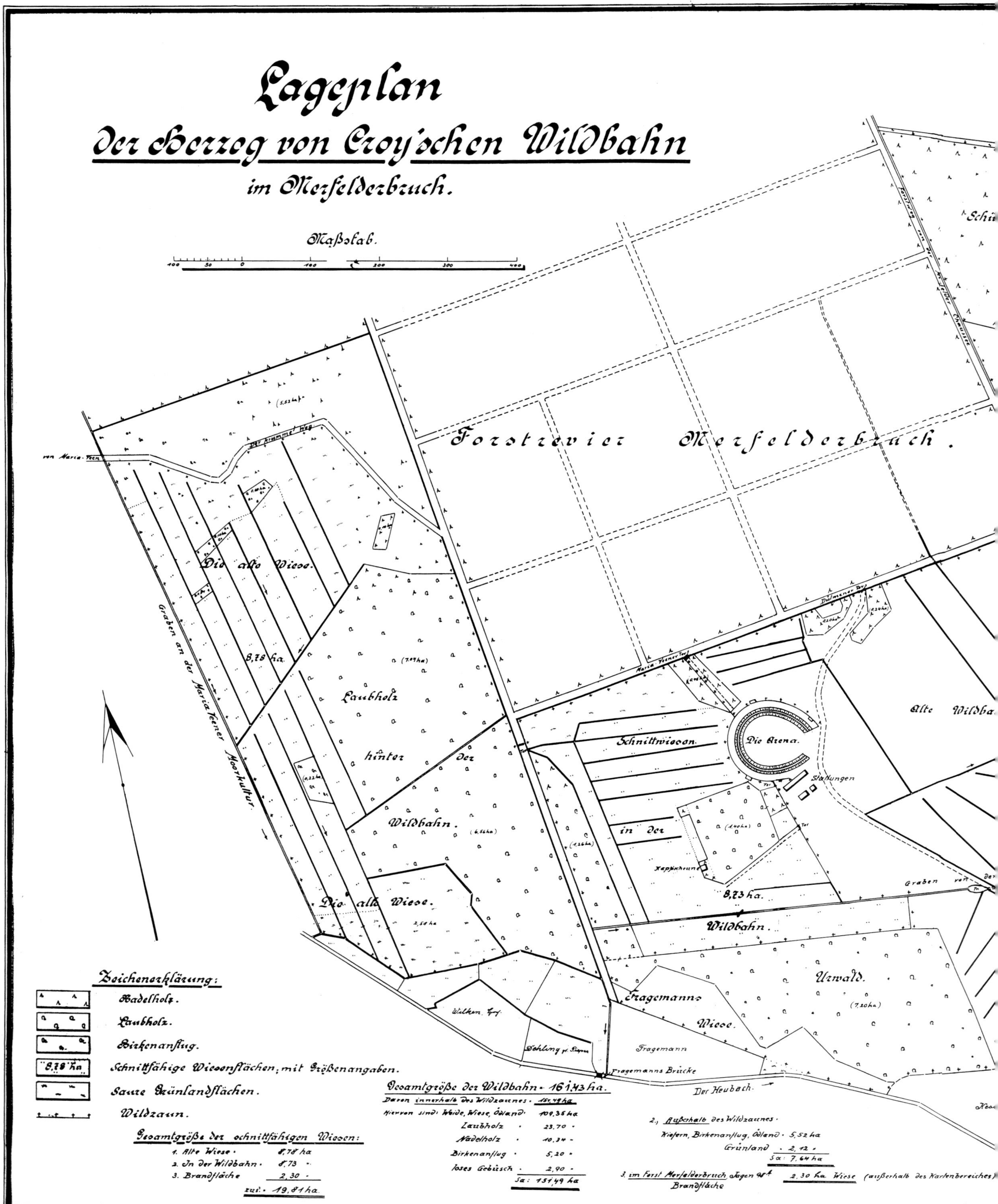
Lageplan
der Herzog von Croy'schen Wildbahn
im Merfelderbruch.
Maßstab.
Forstrevier Merfelderbruch.
Die alte Wiese.
8,78 ha
Laubholz
hinter der Wildbahn.
Graben an der Maria Veener Moorkultur
Schnittwiesen
Die Arena.
Stallungen
in der
8,73 ha.
Wildbahn.
Die alte Wiese.
Alte Wildba
Urwald.
Fragemanns Wiese.
Fragemann
Fragemanns Brücke
Der Heubach
Zeichenerklärung:
Nadelholz.
Laubholz.
Birkenanflug.
Schnittfähige Wiesenflächen; mit Größenangaben.
Saure Grünlandflächen.
Wildzaun.
Gesamtgröße der schnittfähigen Wiesen:
1. Alte Wiese · 8,78 ha
2. In der Wildbahn · 8,73 ·
3. Brandfläche 2,30 ·
zus.· 19,81 ha.
Gesamtgröße der Wildbahn · 161,43 ha.
Davon innerhalb des Wildzaunes · 151,49 ha
Hiervon sind: Weide, Wiese, Ödland · 109,35 ha
Laubholz · 23,70 ·
Nadelholz · 10,34 ·
Birkenanflug · 5,20 ·
loses Gebüsch · 2,90 ·
Sa: 151,49 ha
2.) Außerhalb des Wildzaunes ·
Kiefern, Birkenanflug, Ödland · 5,52 ha
Grünland · 2,12 ·
Sa: 7,64 ha
3. im Forst Merfelderbruch, Jagen 95A 2,30 ha Wiese (außerhalb des Kartenbereiches)
Brandfläche

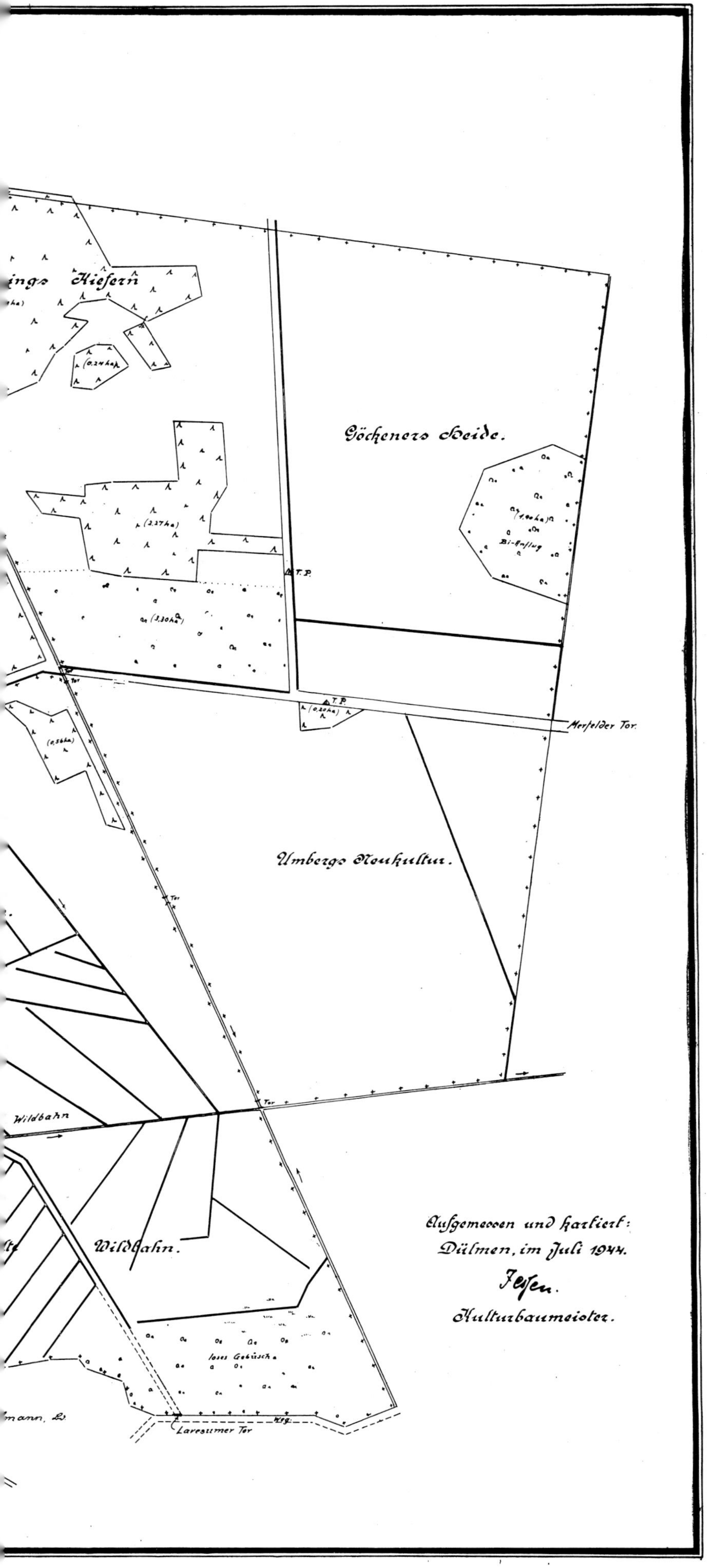

Der Lageplan zeigt die Wildbahn im Jahre 1944. Inzwischen wurde sie – als Folge des wachsenden Pferdebestands – nach Westen hin zweimal beträchtlich erweitert.

Register